U0514969

本书的出版得到了江西省高校人文社会科学重点研究基地——南昌大学旅游规划与研究中心的资助

旅游资源
价值及其评价

谌贻庆　甘筱青　著

THE TOURISM RESOURCE
VALUE AND
ITS EVALUATION

社会科学文献出版社
SOCIAL SCIENCES ACADEMIC PRESS (CHINA)

目　录

第一章 绪论

"价值"与古代梵文中"wer"一词有较深的渊源,"wer"的基本含义是"掩盖、保护、加固",由此可以派生出"喜爱、珍爱"的意思。英语中代表"价值"的"value"一词,源于拉丁语的"valere",而"valere"在拉丁语中有两个主要意思,一是"强有力",二是"有价值"。"强有力"是一种主体对客体的评价,映射出客体具有给予主体需求或欲望强有力支持的属性或功能。这里的主体是指能够进行运动和做出感情反应的自然物,如一匹马对牧草、阳光的本能需求或欲望,它会认为牧草、阳光等有"价值"。在客体属性或功能对主体需求或欲望给予强有力的支持前,它们只能是"价值源",而非价值本身。"有价值"指客体因为某种自身的缘故而值得主体所欲求的、有用的、有兴趣的质。客体属性或功能只有在被某个主体"感知"和"评价"(或者"喜爱"和"珍爱")以后才会产生"价值"。

自然界中没有主客体之分,一切都是物质及其运动形式。但是,在人类看来,自然界是存在主客体之分的,"主体"(subject)是行为活动的拥有者、发出者,"客体"(object)是行为活动的对象。比如马吃草,马是主体,草是客体,又如我去旅游,我是主体,旅游地是客体。主客体是人的心理内部以自己为坐标系去看待世界。我与环境,两者通过感觉相对比而存在,我能感受到自己的愿望、心情和想法,我能支配和控制自己的行为,所以我是主体,环境是客体。

无论是主体还是客体,在事物的一切属性中,运动是最基本的属性,其他属性都是运动属性的具体表现,如空间属性是事物运动的广延性体现,

1

而时间属性则是事物运动的持续性体现。无论事物的运动形式怎样，每个具体的事物运动形式都存在相应的能量形式。本书所认为的"价值"，从数学的角度来说，就是客体对主体所释放的广义有序化能量，从非数学的角度来说，就是存在着特定关系的事物之间比较比值的反映，比较的结果有"值得""合算""相当"等或者相反。就主体是人的情况来说，价值是将人的生存和发展需要作为根本衡量尺度对被衡量方面的作用性质以及作用大小的反映。

一　价值理论发展

价值理论是关于社会事物之间价值关系的运动与变化规律的科学。人们关于客观世界各种事物的属性与本质及运动规律的认识是一般的科学理论，而关于客观世界各种事物对于人类的生存与发展的反映的认识就是价值理论。由于"对于人类的生存与发展的反映"本身也是事物的一种特殊属性，所以价值理论是一种特殊的科学理论。

对于每个人来说，其生存和发展所需要事物的内在所值及其决定与度量，就是事物的"价值"所在，不同的人在其生存和发展的过程中对同一"事物"的反应是不同的，它通过人类的"交换"和"分配"活动体现出来，事物之间的交换比例可以在一定时空范围内确定下来。因此，事物内在所值的决定与度量、交换比例以及这两者的关系等贯穿了价值理论发展的全过程。

人类的生存与发展需要阳光、空气、水、土地、森林、草原、动物、矿藏等，还需要信息交流、相互协作以及人类活动中产生的新事物等。前者称为自然资源，后者称为社会资源，两者统称为资源。资源是人类生存发展活动特别是经济活动（生产、交换、分配、消费）的重要内容。正确地对待资源并认真地解决资源稀缺问题，是人类生存发展的重大问题。

中国古代的哲人在探讨人生的理想和人的行为评价标准时，关于价值的讨论是围绕着义与利、理与欲、志与功的关系进行的。在西方古代哲学中，毕达哥拉斯（Pythagoras）认为价值的本质是数；柏拉图（Plato）认为价值是理性的本质，即理念；亚里士多德（Aristotle）认为价值在于人的兴趣，至善是一切事物的最高价值；伊壁鸠鲁（Epicurus）认为快乐就是价值；斯多亚（Stoa）学派认为德行才是价值；在神学家那里，上帝是最高的价值，一切价值都应建立在上帝意志的基础上。

价值理论是经济学的理论基础，其基本任务是解决价值决定和衡量问题。最早开始系统研究价值理论的是古希腊的柏拉图和他的学生亚里士多德等。尽管早在古希腊、古罗马时期就已经出现价值思想的萌芽，但"价值"作为经济学术语，最早出现在古希腊思想家色诺芬（Xenophon）所著的《经济论》一文中，当时它的含义与现代经济学中"价值"的含义有较大区别，而非常接近今天常用的"价格"的意思。直至商品经济比较发达的17世纪，威廉·配第（William Petty）创立劳动价值论，标志着价值理论形成。

威廉·配第于1662年在《赋税论》中最早提出了劳动创造价值的理论，他把价格区分为自然价格和政治价格，实际上前者就是商品的价值，后者指的是商品的市场价格，配第认为商品的价值是由生产它所耗费的劳动决定的，还提出了价值量的大小是以劳动生产率为转移的。

亚当·斯密（Adam Smith）于1776年在《国富论》中说"一个人占有某货物，但不愿自己消费，而愿用以交换他物，对于他来说，这货物的价值，等于使他能够购买或能支配的劳动量"，他又认为劳动是衡量一切商品交换价值的真实尺度。斯密区分了使用价值和交换价值，解决了商品交换价值的决定问题，认为这是构成它与自然价格有时不一致的原因，但这无法解释利润、地租的产生问题，于是不得不提出劳动价值论只适用于资本主义之前的简单商品生产和交换，而在资本主义时期劳动价值论失效，商品的价值是由工资、地租、利润三种收入构成的。

大卫·李嘉图（David Ricardo）于1817年在《政治经济学及赋税原理》中提出了社会必要劳动量的概念，认为商品价值取决于"最不利的条件下进行生产的人所必须投入的较大量劳动"。李嘉图批判了亚当·斯密的价值既由耗费劳动决定又由购得劳动决定导致的循环决定，坚持把创造商品的劳动看成价值的唯一源泉。他初步区分了价值与交换价值，并指出了两者的内在联系，认为价值是包含在商品中的劳动时间的表现，而交换价值则是某种商品的价值在与该商品相交换的其他商品的使用价值上的表现。

卡尔·马克思（Karl Marx）从古典经济学劳动价值理论中汲取了合理的内核，明确地区分了交换价值和价值，提出了"具体劳动和抽象劳动"的劳动二重性学说，论证了社会必要劳动时间决定价值量。他还创立了生产价格理论，认为不同的生产部门，由于资本有机构成和资本周转速度不同，便会形成不同的利润率，利润率低的部门不会让这种现状维持下去，会通过资本的自由转移来实现与利润率高的部门展开竞争，直至各部门形成大致相等的利润率（平均利润率），这时原来的商品价值，等于成本加价格加剩余价值，即价值 $= c + v + m$。

马克思还从社会关系方面考虑，认为地租是直接生产者所创造的剩余生产物被土地所有者所占有的那一部分，地租反映着一定的社会生产关系。因为土地所有权的垄断，最劣等的土地也必须支付地租才能投放资本而被利用，从而形成绝对地租；绝对地租是整个农业部门产品价值与生产价格之差，即"绝对地租＝农产品价值（或价格）－农产品生产价格（社会生产价格）"。他认为土地有限，而且有质量和生产率的差异，从而产生了级差地租，"级差地租就是那种利用较好生产条件而生产率不同的土地所产生的超额利润"。土地自然条件和自然生产力的差异形成地租Ⅰ；因技术条件和社会生产力的差异，在同一块土地上连续投入等量资本产生生产率的差别，从而形成地租Ⅱ。

按照地租理论，土地价值就是土地给其所有者带来的经济利益，其价值量根据土地收益大小来确定。由于农用土地的价格实际上就是农用土地所提供的地租的购买价格，是地租的资本化，因而有人认为价格决定价值，农用土地的价值由地租高低即其价格大小来决定。

19世纪初，随着资本主义商品经济进一步发展，厂商的组织形式从单一业主制、合伙制发展到公司制，产业规模不断扩大，资本所有者逐渐摆脱直接的生产劳动，凭着资本所有权参与价值的分配，一些经济学家提出了要素价值论。要素价值论也称生产费用论，它与劳动价值论一样是从商品的生产角度，在客观商品生产活动中寻求解决商品价值来源和价值量决定问题的方法。对要素价值论进行系统阐述的是法国经济学家萨伊（J. B. Say），他继承和发展了斯密的三种收入决定价值的思想，提出价值来源于物品的效用，效用是物品价值的基础，物品的效用是由劳动、资本、土地三种生产要素共同创造的；在价值量形成上，他认为商品价值量由生产费用决定，而生产费用又是由生产要素价格决定的，即生产要素价格决定商品价值量。

与要素价值论不同，效用价值论是从消费环节、心理感受来阐述价值。除萨伊外，巴尔本（N. Baipein）、西尔尼（Nassau William Senior）等都主张效用决定价值，而西尔尼则进一步认为价值是由效用、有限供给和可转移性组成，其中造成有限供给的是生产成本。西尔尼认为"生产成本"是"劳动""节制"，即工人放弃休闲的牺牲与资本家放弃享乐的"牺牲"。

19 世纪 70 年代，在效用价值论基础上发展起来的边际效用价值论，将主观价值论推向一个新时期。边际学派有两个支流，其中一个是以心理学作为分析基础的奥地利学派，主要代表人物有门格尔（Carl Menger）、维赛尔（Friedrich Von Wieser）和庞巴维克（Eugen Von Bohm-Bawerk）。门格尔的《国民经济学原理》奠定了边际效用价值论的基础，他的追随者维赛尔的代表作有《经济价值的起源和主要规律》（1884）、《自然价值》（1889）和《社会经济理论》（1914）。门格尔的另一继承者庞巴维克在其代表作《资本实证论》中指出："如果我认为我的福利同某一特定物品有关，占有它就能满足某种需要。能给予我们一种没有它就得不到的喜悦或愉快感，或者能使我免除一种没有它就必须忍受的痛苦，那么，我将说这一特定物品是有价值的。"他们进一步认为，一切能满足人的某种欲望的物品都具有效用，但不是一切有效用的物品都具有价值，一种物品要具有价值，除了必须具有效用性，还必须有数量的限制。决定物品价值大小的不是最大效用，也不是平均效用，而是边际效用。

边际学派的另一个支流是以数学作为分析工具的数理经济学派，以英国的杰文斯（William Stanley Jevons）和瑞士的瓦尔拉斯（Marie Esorit Leon Walras）、帕累托（V. Pareto）为代表。杰文斯最主要的著作是《政治经济学理论》，其整个学说的中心是以效用为基础的、以数理分析为工具的价值理论。杰文斯将最后效用程度表示为最后增加一单位的物品的效用和物品的增加量的比例，他说："所谓价值，应指一种商品的最后效用程度。"瓦尔拉斯也认为物品的价值是由满足消费者最后欲望的强度决定的。这里"最后欲望的强度"即一定数量物品最后一单位的满足欲望的强度，"最后欲望的强度"实际上与杰文斯"最后效用强度"一样，是一种交换比例。瓦尔拉斯在其最主要的著作《纯粹政治经济学要义》中充分地运用了数学方法，还在边际效用分析的基础上提出了一般均衡论。一般均衡论是把边际效用分析从两个商品提供的比例关系扩大到全部商品上去，从而能解释全部商品的价值。瓦尔拉斯认为，一种商品的价格不可能孤立地只和另一商品有关而不牵涉到其他一切有关商品的价格。因此，决定任何一个商品的价格必须同时考虑其他商品的价格，只有当一切商品的价格都达到供给和需求相等的程度时，市场一般均衡才算形成，这时的均衡价格就是商品的价值。

帕累托在继承瓦尔拉斯理论的基础上提出了"序数效用论"，认为效用只可以经验为事实依据进行比较，而不能具体测定。美国学者约翰·贝茨·克拉克（John Bates Clark）则以"社会效用论"对边际效用价值论进行修订，但仍以主观效用为基础，理论上没有更大的突破。

在价值理论发展过程中，要素价值论从商品的生产（供给）角度，效用价值论从商品的消费（需求）角度对价值决定问题做了深入的探讨，但都在不同程度上存在难以克服的缺陷。美国学者马歇尔（Alfred Marshall）及其追随者庇古（A. C. Pigou）、罗宾逊（Joan Robinson）等人综合要素价值论和边际效用价值论，形成其均衡价值论。

马歇尔的价值理论以供求论为主体，用边际效用和生产费用分别说明需求和供给，认为边际效用决定需求，生产费用决定供给，而需求和供给的均衡决定价值。马歇尔首先把价值等同于交换价值，接着又把货币作为表现价值的价格，将其看成与价值本身没有多大区别的东西，主张直接从价格入手进行经济分析，从而他的均衡价值论也就成了均衡价格论，西方经济学界也把它称为"局部均衡论"。马歇尔在其主要著作《经济学原理》中分析需求价格形成时说："一个人从一物品所有量有一定的增加而得到的那部分新增加的利益，每随着他已有的数量的增加而减少。在他要买进一件东西的时候，他刚刚被吸引购买的那一部分，可以称为他的边际购买量，因为是否值得花钱购买它，他还处于犹豫不决的边缘。他的边际购买量的效用，可以称为此物对他的边际效用。"马歇尔在分析供给价格形成时用生产费用来说明，他把生产费用分为实际生产费用和货币生产费用两种，认为实际生产费用包括生产一种商品所需要的许多不同种类的劳动和以各种形式使用的资本，劳动不是客观的劳动量的耗费，而是劳动者在主观心理上所产生的"厌恶"和"反感"，即"负效用"，资本也是一种主观心理因素，表示资本家"延期满足"所引起的牺牲，即"等待"，这种"负效用"和"等待"无法从数量上来衡量，所以又借助货币来做衡量的尺度。这样一来，马歇尔也陷入了循环决定的陷阱，一方面心理感觉产生经济现象，边际效用大小决定需求价格的高低，另一方面心理感觉又取决于市场价格。马歇尔还分析了时间因素使得供给和需求在均衡价格形成中起到了不同作用。

20 世纪 30 年代，以希克斯（John R. Hicks）为代表的学者，以主观价值理论为基础，分析商品价格变动的经济效应，把序数效用论推进了一大步。

英国学者斯拉法（Piero Sraffa）于 1957 年完成了他所编辑的《李嘉图著作和通信全集》，重新从生产领域入手分析价值问题，试图回到李嘉图传统。他从"为维持生存的生产"（即简单再生产）和"具有剩余的生产"（即扩大再生产）开始研究价值和价格的形成。他意识到收入分配的变动会引起商品相对价格的变动，没有一种具体的商品能成为"不变的价值尺度"去衡量其他商品的价值。于是他从实际经济体系中抽象出"合成商品"即所谓标准商品，认为可依据各生产部门的劳动投入量和"剩余"归属于劳动的份额来确定标准商品的利润率，进而决定商品的相对价格。虽然斯拉法自称找到了李嘉图未能寻到的"不变的价值尺度"，将李嘉图中途放弃的商品的劳动量决定价值的思想贯彻始终，解决了收入分配与商品相对价格变动关系的问题，但是斯拉法所建立的商品标准体系论仍然没有区分价值和生产价格，仍然未能彻底克服李嘉图体系的缺陷。

克鲁蒂拉（John V. Krutilla）于1967年第一次将存在价值或非使用价值的概念引入了经济学，他在《自然保护的再认识》中指出："可能存在一种选择方面的需求，……，这不仅存在于那些现在和将来都在市场上为需求之物品而忙碌的人们中间，而且存在于那些对生物多样性、地貌多样性和分布的广泛性赋予价值的人们中间。"

1979年，美国的A. 迈里克·弗里曼（A. Myrick Freeman Ⅲ）在《环境与资源价值评估——理论与方法》中应用帕累托最优、马歇尔消费者剩余、希克斯补偿理论深入分析了价值与效益的计量，提出了把环境作为投入要素的间接效益评估模型，同时对非使用价值和存在价值进行了定义，并加以量化。同时，弗里曼还对不确定情况下的价值进行了分析，确定了计量价值的间接方法，此外还对寿命和健康的评价模型、房地产价值模型、内涵工资模型和自然资源系统的舒适性用途进行了深入的分析和阐述。

20世纪80年代后，博弈论走向成熟，博弈论与其他学科之间的关系等逐渐完整和清晰起来，博弈论在经济学中的应用领域也越来越广泛。信息经济学的逐渐兴起，转变了经济研究前提（完全信息是传统西方经济学基本观点的前提之一），在这种情况下，以给定环境条件下的个体理性行为分析为基础的局部均衡论或一般均衡理论、比较静态分析，以及以它们为基础的经济理论，在解释现实经济问题时越来越力不从心，不完全信息理论则把均衡价格理论从理想的完全竞争市场状态拉回到现实经济生活中来，发展了均衡价格理论。不完全信息理论认为，市场交易中有关商品的所有信息在买卖双方的分布不对称，卖者比买者占有更多的有关商品质量、性能、生产厂家信誉等方面的信息，卖者存在对价格的垄断和占绝对的信息优势，而买者因缺乏足够信息被迫接受价格和承担风险，多付溢出成本。在无价格信誉情况下的正常商品交易中，均衡价格的形成除了取决于市场的供求状况外，还会受到信息收集、价格指南、广告和口头交流等因素的影响。在次品市场中，信息不对称情况容易使行为主体做出对自己不利的决策，导致均衡价格区域只有劣质产品进入交易，优质产品退出市场。不完全信息理论对经济现象的解释虽然更加贴近现实，但仍然没有对价值决定问题做出回答。

1994 年，英国经济学家皮乐斯（D. W. Pearce）在研究环境资源问题时，将环境资源的价值分为两部分：使用价值和非使用价值。前者再分为直接使用价值、间接使用价值和选择价值；后者分为遗产价值和存在价值（见表 1 - 1）。

表 1 - 1　环境资源的价值分类法

环境资源的价值				
使用价值			非使用价值	
直接使用价值	间接使用价值	选择价值	遗产价值	存在价值
可直接消费的产品	功能效益	将来的直接或间接使用价值	环境遗产的使用和非使用价值	继续存在的知识所产生的价值

冯尚友（2000）在《水资源持续利用与管理导论》专著中，系统阐述了水资源价值及计算方法，并提出了进行水资源核算和将其纳入国民经济核算体系的构想与具体措施。

郑易生（2001）在《资源价值与利益集团》一文中，论述了国家自然文化遗产资源的三重价值，即存在价值（非使用价值）v1，潜在经济价值 v2 和当前经济价值 v3；然后，论述了这些不同价值对应着不同的利益集团，即 v1 是对于全人类或一个国家的全体国民而言，v2 主要对应着该资源所在地的居民，v3 对应着资源开发集团；并由此探讨了价值、利益和行为的一般关系，包括 v1 是 v2 的来源，v2 是 v3 的来源，v2 转化为 v3 的条件；等等。

张晓（2001）在《转型期自然文化遗产资源管理的经济学理性》中论述了自然文化遗产资源的总经济价值包括：直接使用价值——商品开发的舒适使用性；间接使用价值——生态功能价值（比如减少污染、改善周边小气候、防止和减少水旱灾害等）；选择价值——资源未来的直接和间接使用价值，是人们为选择将来使用资源而现在愿意支付的保护费用（比如生物多样性保护）；存在价值——资源内在的与人类存在与否完全无关的价值，它是通过人们确保资源存在而愿意支付的保护费用体现的（比如物种、遗传、生态系统等）。

以上价值理论成果从哲学的价值观、劳动价值论、效用价值论、稀缺价值论、产权理论与地租理论、价值工程等不同角度，来阐述价值问题。笔者认为虽然在价值问题上它们从各自的角度都有理论建树，但直接涉及旅游资源价值问题的不多。因此，笔者将从系统的观点出发，对旅游资源与开发系统进行研究，整理出三条主线，分别从人们在旅游过程中涉及的三个方面——人与人之间的关系，人与物之间的关系和物与物之间的关系，来论述旅游资源价值问题。

二　价值研究方法

认识过程是主体和客体相互作用的双向运动过程，在这个过程中，我们认识世界和改造世界所采取的方式及运用的手段，被称之为方法。从价值研究的角度来看，方法与世界观紧密地联系在一起，什么样的世界观，就会采用什么样的方法。认识过程是运用方法的过程，方法是实现认识的工具，不同的方法可能带来不同的研究结果，社会的不断发展带来了方法的不断发展。

人类生存发展活动的历史，从某种意义上说，就是不断创造和使用资源的历史。古代农业经济社会经历了氏族制度、奴隶制度、封建制度，其主要依赖的资源是土地资源，这就规定了人们的生活方式、思维方式、价值观念主要是对重农轻商的自然流露。随着工业机器技术的发展，人类又逐渐变得依赖矿产资源，从自然经济到商品经济，由于市场经济的建立和完善，人类所依赖的资源从自然资源转向社会资源，资本成为其主要的资源，谁拥有了资本所有权，谁就拥有了进行投资、生产、交换、分配的支配权。到了知识经济社会里，人才资源是最宝贵的资源，随着生产力的不断发展，服务经济、体验经济形成，环境资源、旅游资源就成为最为可贵的资源。纵观历史，价值研究不断注入新的内容，价值研究方法也不断更新。

（一）哲学方法

哲学方法是一切方法中最一般、最基本的方法，它从深层次上支配着其他研究方法。哲学是世界观的理论形式，其基本问题是思维与存在的关系问题，人们由于对思维与存在之间的关系认识不同，对社会经济形态的看法就会不同。哲学范畴的价值观表现为人类活动中普遍存在的基本关系，即主体与客体之间的相互关系。在这种关系中，客体是否按照主体的意愿满足主体需要，是否对主体的发展具有肯定的作用，就表现为一个价值问题。晏智杰于 2002 年在《经济学价值理论新解》中指出，"'价值'这个概念，就其最一般的意义来说，应该是指作为客体的外界物与作为主体的人的需要之间的关系。任何东西有无价值及其大小，总要以它是否以及在多大程度上能满足人们的某种需要欲望为转移"。

在这种方法中，主体一般是指从事社会实践活动的人，包括个人、团体和社会群体；客体是主体所指向的对象，包括自然、社会和人本身。作为主体的人，其本性或本质是需要，客体属性则是客体固有的特性和功能。主体需要与客体属性之间的关系就是主、客体之间的价值关系。客体满足人的生存、发展和享受需要时，便称客体有价值，否则，即无价值。

当人们把价值指向人所选择的对象或对象的性质时，是基于人的生存意识的考虑，这种生存意识是人自为的意识：人不仅仅是一种自然的存在物，而且是属于自己的自然存在物。这种存在不仅有人的类意识和作为主体的个体意识，而且它以自身为目的并不断追寻和实现自身。这种自身不是自满自足的，是人的生命和精神与有限确定的对象之间的矛盾。

古希腊色诺芬的出发点，是人能否发现和实际地利用对象的益处，不是仅仅从对象本身或对象的特性出发，起关键作用的是人这一主体的能动性或创造性。人或者说生活主体周围的存在者包括他自身只有被他实际地用于实现自己的生存和发展，才对他来说是有价值的，色诺芬把这些看成人的"财富"。在色诺芬的哲学中，不断增加财富的重要途径是分工，色诺芬的分工理论又与秩序和谐有着内在的联系。他在《经济论——雅典的收入》中说："对人类来说，没有再比井然有序更好更方便的事情了。例如，合唱团是许多人组成的，如果它的团员随意行动，它就会成为混乱一团，看着毫无乐趣。"

在柏拉图那里，分工是与交换联系在一起的，他指出：是因为每个人有多种需要，且不能单自己达到自足就导致了分工的产生，大家分别从事不同的工作，获得生活必需品后再来进行交换。他还提出，理想的、最好的国家是共有社会，在这种社会中，没有任何私有财产，他认为私有财产会激起人们的贪欲，导致人们之间的利益冲突；其次好的国家是按法律给公民分配土地和房屋，并限制财富的聚敛。

亚里士多德则反对他的老师柏拉图的财产共有论，认为除了在某种意义上财产应当公有外，一般情况下应当私有，亚里士多德认为，私有财产相较于公有财产有三种益处：人关心自己的本性、自爱自乐的天性和慷慨的德行。除此之外，亚里士多德还从家庭与城邦的正义性来论述财产私有的必要性。

大卫·休谟（David Hume）则认为分工是因为相对于人类无数的需要和欲望来说，实现这些需要和欲望的手段非常薄弱，所以人们之间只有通过社会结合，才可以改变这个局面，获得生存所需的力量、技能和安全。依靠各种协作，人们的力量才能够从根本上得到增强；依靠不同的分工，人们的专门技艺才能够提高；依靠相互帮助，人们才能对付意外和偶然事件的袭击。在休谟的哲学中，财富稀缺和财富占有不稳定性是阻碍社会进步的两个主要因素。财富稀缺导致财富的数量不足以满足每一个人的需要和欲望，财富转移诱发暴力劫取，是发生暴乱的根源。

亚当·斯密从人性存在出发来说明经济分工，指出了分工与人性的关系，包括与需要帮助、交换倾向、利己之心的关系。他认为利己来自两个方面。第一，正如他在《道德情操论》中所说，"每个人首先和主要关心的是他自己；无论在哪一个方面，每个人都比其他任何人更适宜和更能关心自己"。每个人总是有意把自己放在最重要的位置。第二，他又在《国民财富的性质和原因的研究》中指出，"资本增加，由于节俭；资本减少，由于奢侈与妄为"。每个人天生都具有改善自己状况的愿望。他同时指出，由于个人的经济行为一般来说都只是为了自己的利益，那么社会公共利益会通过市场这只"看不见的手"来实现。

在休谟做出"是"与"应当"之间的区分之后，康德（Immanuel Kant）在事实与价值之间划了一道鸿沟，认为事实属于经验世界，价值属于先验世界。维特根斯坦（Ludwig Wittgenstein）则认为价值是人的情感的对象和偏好，因为它缺少公度性，所以不是语言可以表达的命题。

马克思运用唯物辩证法，把资本主义社会作为客观存在，认为它存在着产生、发展、消亡的过程，它是人类社会发展过程中的一个阶段。他从这种理念出发，从而揭示了资本主义社会将会是如何灭亡，最后迈向共产主义社会的。他认为不相干的事物之间，无所谓差异与冲突，但现实生活中往往是有差异和冲突的，冲突各方需要寻求共同点，寻求对话、交流、沟通和合作的方式。消灭一切层面上的个性和多样化，达到抽象的大统一，并不排除主体的差异性。它们是相互矛盾、相互对立，又相互依存、相互作用的辩证统一。

（二）数理方法

数理方法包括均衡分析和非均衡分析法、边际效用分析法、预期分析法、曲线分析法、函数分析法、模型分析法等，对这些方法的应用，有利于问题的分析和表达，可以使研究更为严密，更加具有说服力，因而也显得更为科学。以杰文斯、瓦尔拉斯等为代表的数理经济学派开了应用数理方法研究价值理论的先河。此后，Andreu Mas-Collel（1985）、Dirk Willen-bockel（1994）等许多人使用数理方法进行经济学研究。

数理方法简单地说就是列方程和解方程。所谓列方程，就是用方程或方程组来描述经济系统中各因素之间的因果关系。所谓解方程，就是求解所列的方程或方程组，包括解的存在性、如果解存在的话是否唯一、解不唯一时的稳定性、解稳定时是否可控制、可控制时解是否能达到等相关问题。

列方程的代表人物有瓦尔拉斯、冯·纽曼（John Von Neumann）、列昂惕夫（Wassily Leontief）等。瓦尔拉斯列出了产品市场供求平衡的联系方程，他是瑞士经济学家、洛桑大学经济学教授，是一般均衡理论的创始人，是洛桑学派的代表人物，著有《纯粹政治经济学要义》等。冯·纽曼是美籍匈牙利数学家、普林斯顿大学数学教授，在许多方面有开创性贡献，其发表的《量子力学的数学基础》等是奠基性的著作，开辟了泛函分析和拓扑线性空间的研究，他与摩根斯顿（Morgenstern）合著的《博弈论与经济行为》在经济学中具有划时代意义，他还是第一代电子计算机的创始人，曾任美国总统艾森豪威尔的顾问。列昂惕夫是美籍俄罗斯人，是投入产出分析方法的创始人。投入产出分析为系统地分析经济内部各产业之间错综复杂的交易提供了一种实用的经济分析方法，备受西方经济学界的推崇，他因此获得诺贝尔经济学奖。在他于哈佛大学经济系任教期间，他的同事约瑟夫·熊彼特（Joseph Alois Schumpeter）对他的研究成果极为推崇，他的两位曾获诺贝尔经济学奖的学生保罗·萨缪尔森（Paul A. Samuelson）和罗伯特·索洛（Robert Merton Solow）著有《美国经济的结构（1919～1929）》等著作。

解方程的代表人物有阿罗（Kenneth J. Arrow）、德布鲁（Gerard Debreu）、斯卡夫（Herbert Scarf）等。阿罗是美国数理经济学家、哈佛大学教授，曾在美国空军服务，在第二次世界大战后从事经济和运筹学研究，他揭示的"不可能性定理"为经济学界所称道，他与希克斯同时获得诺贝尔经济学奖，他曾任美国总统肯尼迪的顾问。德布鲁是美籍法国数理经济学家、加利福尼亚大学经济和数学教授，曾在法军服务，著有《价值论》和《数理经济论文》等著作。斯卡夫是美国人、数学博士、耶鲁大学经济学教授，他在一般价值均衡理论的存在性证明、一般价值均衡理论的计算方面做出了重大贡献，他首先给出了市场价值均衡点求解的具体算法。

均衡分析法就是在假定经济体系中的经济变量既定条件下，考察体系达到均衡时所出现的情况以及实现均衡所需要的条件。所谓均衡，是指经济体系中，相互抗衡的力量势均力敌，使体系处于一种相对静止、不再变动的状态。在这种状态下，经济决策者意识到重新调整资源的配置方式已不可能获得更多的利益，从而不再改变其经济行为。

经济体系在数学上通常被描述成拓扑空间，在经济体系中，存在着一些集值映射，均衡分析就是在经济体系的价格系统中寻求一个价格，使得一种被称为超需求集值映射将该价格映射到0，这个价格被称为均衡价格状态。所谓拓扑空间，就是规定了子集簇的一个集合，其子集簇还必须满足三条性质：一是空集和该集合在这个子集簇中；二是子集簇有限个子集的交集也在这个子集簇中；三是子集簇有限或无限个子集的并集也在这个子集簇中。为了方便起见，拓扑空间中的子集簇的每一个成员被称为开集，开集的余集被称为闭集。之所以把经济体系看成拓扑空间，是因为许多经济行为的集合是闭集。

均衡分析法通常忽视均衡过程与均衡结果之间的联系，而重视原因与结果之间的联系。像熊彼特、杨小凯和斯蒂格利茨（Joseph E. Stiglitz）等的理论都是均衡分析方法的框架。熊彼特在其创新理论中认为创新能够使潜在的利益得以实现，是经济发展的源泉，要想使经济持续发展只有不断地创新。杨小凯在其专业化分工理论中认为专业化分工是经济增长的源泉，分工尽管会带来交易费用，但可以大大提高生产效率，因而就会促进经济增长。斯蒂格利茨认为信息不对称是生活中常见的现象，这种信息不对称会给市场的运行带来很大的影响，由于市场的功能是不完善的，所以如果市场参与者不能得到充分的信息，其利益会受到损害，他引入非对称信息便能够解释平常观察到的许多不好理解的现象。这些理论都只重原因和结果而不重过程。

非均衡分析是指由于价格的作用，经济运行中不能形成一般均衡时的均衡价格和均衡产量，即不能形成瓦尔拉斯均衡，而只能使供求双方在偏离瓦尔拉斯均衡的适当位置上，这是一种短期的不稳定的均衡。

以帕廷金（Don Patinkin）、克洛尔（Robert Wayne Clower）、莱琼霍夫德（Axel Leijonhufvud）、贝纳西（Jean Pascal Benassy）等人为代表的现代非均衡学派，将凯恩斯的"失业均衡"、社会主义经济中的"被抑制的通货膨胀"等都概括为不同类型的"非均衡"。他们认为，价格并不是可以根据供求关系迅速调整的，有时其是因为制度被固定或其运动受到限制，有时则仅仅是由于信息不完全而得不到及时的调整，人们不可能等到一切价格都调整到均衡值上再进行实际的交易，因此在遇到供求不等的情况时，往往根据自己在一定价格下所能买到的数量或卖出的数量来调整自己在其他市场上的供求数量。对个别行为主体来说，价格往往是外生变量，是既定的交易条件，而交易数量则是自己所能控制的内生变量，所以市场运动的结果通常是非均衡的，变量之间是不均等的。这种非均衡，与瓦尔拉斯均衡一样，具有行为确定性，可以持久地存在，而不仅是一种过渡状态。樊纲主张用变量均等定义均衡，用变量不均等定义非均衡，用"可持续性"的概念特指经济状态的行为特征。这样他就在《论均衡和非均衡的可持续性》中定义了四种经济状态：可持续均衡，可持续非均衡，不可持续均衡，不可持续非均衡。

边际效用分析法就是运用导数和微分方法研究经济运行中微增量的变化，用以分析各经济变量之间的相互关系及变化过程的一种方法。其代表人物有瓦尔拉斯、杰文斯、戈森（H. H. Gossen）、门格尔、埃奇沃思（F. Y. Edgeworth）、马歇尔、费希尔（I. Fisher）、庞巴维克等人。当时瓦尔拉斯把边际效用叫作稀缺性，杰文斯把它叫作最后效用，实际上它就是效用函数的"偏导数"。

"边际"这个词可以被理解为"增加的"，"边际量"也就是"增量"的意思。也就是说，自变量增加一单位，因变量所增加的量就是边际量。从数学上来说，边际效用分析法的原理较简单：对于离散的情形，边际值是因变量变化量与自变量变化量的比值；对于连续可微的情形，边际值是因变量关于某自变量的偏导数值。所以边际的含义本身就是因变量关于自变量的变化率，或者说是自变量一个单位的变化导致因变量的改变量。

预期分析法以市场参与各方的行为方向为分析重点，从而直接推导供求关系来判断市场方向。心理预期是经济活动主体为谋求个人利益最大化对与经济决策有关的不确定因素所进行的预测，心理预期影响个体的消费、投资、储蓄等经济行为，而个体的这些经济行为的变化，又在一定程度上影响整个国家的经济运行态势。

预期分析包括适应性预期分析和理性预期分析等。所谓适应性预期就是运用某经济变量的过去记录去预测未来，反复检验和修订，采取错了再试的方式，使预期逐渐符合客观的过程。而理性预期是指人们预先充分掌握了一切可以利用的信息做出的预期。这种预期之所以被称为"理性的"，是因为它是人们参照过去历史提供的所有知识和数据，加以有效利用，并经过周密的思考之后才做出的一种预期。

理性预期分析法撇开市场发生的一些偶然干扰因素，根据过去价格变化的资料，在进入市场之前就对价格做出预期，事先计算它的概率分布，从而选出风险最小的方案，以预防不利后果。理性预期分析法的代表人物是穆斯（Jhon Muth）、罗伯特·卢卡斯（Robert E. Lucas）等。穆斯在《理性预期与价格变动理论》一文中指出人们在进行预测时，总是以自己尽可能收集到的信息作为依据。卢卡斯在《预期与货币中性》一文中，将穆斯的理性预期假说同货币主义模型结合起来分析。后来卢卡斯又对理性预期假说做了进一步阐发，同时把理性预期引入宏观经济模型。

（三）系统科学方法

系统科学方法是较为一般意义的方法，它是对各种系统的一般性总结。系统科学包括系统论、运筹学、控制论、信息论、系统工程、系统分析、管理科学、自组织理论、非线性动力学和复杂性研究等。

系统科学方法就是用系统科学的理论，把研究对象放在系统中，从整体和全局出发，考察系统的结构和功能，分析系统与要素、要素与要素、系统与环境三者的相互关系和变动的规律性，以得到处理和解决问题的一种方法。

根据本书对系统科学方法应用的需要，以下仅对系统科学中相关内容进行简单的阐述。

系统论认为，整体性、关联性、等级结构性、动态性、开放性、自组织性、复杂性、时序性等，是所有系统的共同的基本特征。系统思想源远流长，但作为一门科学，人们公认是美籍奥地利人、理论生物学家贝塔朗菲（Von Bertalanffy）创立的。贝塔朗菲于 1945 年发表了《关于一般系统论》，明确提出一般系统论的任务"乃是确立适用于系统的一般原则"，并对系统的共性做了一定的概括。

动态系统分连续型与离散型两种。连续动态系统的数学模型是微分方程，它们刻画系统的动态变量（状态变量的各阶导数）对状态变量的依存关系，以及状态变量之间的相互影响。系统所有状态构成的集合，被称为系统的状态空间，系统在某个时刻可能到达但不借助外力就不能保持或不能回归的状态或状态集，被称为暂态（transient state），系统到达后若无外部作用去驱使将保持不变的状态或反复回归的状态集，被称为定态（steady state），描述系统演化的方程的解（代表状态空间的一个点集合），被称为一条轨道。系统结构、状态、行为的抗干扰能力，被称为系统的稳定性，稳定性是系统的重要维生机制。状态空间中满足吸引性（对周围其他状态或轨道具有吸引力）、稳定性和终极性（不再具有力图改变这种状态的动力）的点集合被称为吸引子，凡是存在吸引子的系统都是有目的的系统。

离散动态系统是由异步（不能立刻得到结果）、突发的事件驱动状态演化的，取有限个离散值的动态系统。这些状态的变化由诸如某些环境条件的出现或消失、系统操作的启动或完成等各种事件的发生而引起。这种系统关心的是它的逻辑行为，用其演化过程的状态序列和事件序列来刻画。系统的功能表现为只允许发生某些符合要求的状态序列或事件序列，它们表示完成某些任务或防止各种失误。用有限自动机、布尔网络等模型可以较好地描述这种逻辑层次的分析和综合问题，计算机仿真运用是重要的解决问题的方法。

控制论创始人是维纳（N. Wiener），他于1948年发表的专著《控制论》是控制论的奠基性著作，他把控制论定义为：关于在动物和机器中控制和通信的科学。控制论提出了包括生物系统和人工系统在内的极为广泛的一大类系统的共性和规律。信息反馈是控制论的一个极其重要的概念，是指由控制系统把信息输送出去，又把其作用结果返送回来，并对信息的再输出产生影响，起到制约的作用，以达到预定的目的。控制论中，输入—输出反馈控制模型具有普适意义。

经济系统是一个巨大的多层次的复杂系统，其子系统之间又高度耦合、相互联系，存在着相互反馈的现象，具有控制论所研究的系统的特性。在经济活动中，随着外部环境的变化，通过控制工作，随时将计划的执行结果与标准进行比较，对超过范围的偏差，及时采取必要的纠正措施，实现系统的相对稳定和既定目标。

系统工程是一种以大型复杂系统为研究对象，按一定目的进行设计、开发、管理与控制，以期达到总体效果最优的理论与方法。它从系统的整体观念出发，研究各个组成部分，分析各种因素之间的关系，运用数学模型，寻找系统的最佳方案，达到最佳效果。美国密执安大学的古德（A. H. Goode）和麦考尔（R. E. Machal）于 1957 年合作出版了第一本以"系统工程"命名的书，倡导"系统分析"（system analysis），着重于在解决大型社会经济系统中的问题时，对若干可供选择的执行特定任务的系统方案进行选择比较，进行费用效果分析。

系统工程的研究范围已由传统的工程领域扩大到社会、技术和经济领域，如社会系统工程、行政系统工程、军事系统工程、农业系统工程、企业系统工程、经济系统工程等。企业利用系统工程来对一个产品的需求、子系统、约束和部件之间的交互作用进行建模/分析，并进行优化和权衡，同时在整个产品生命周期中，利用各种模型和工具来捕捉、组织、优先分级、交付并管理系统信息，用功能建模、仿真、状态图表等替代评估、功能和物理划分等，最终做出重要决策。

系统工程除了要用到数学、物理、化学、生物等自然科学外，还要用到社会学、心理学、经济学、医学等与人的思想、行为、能力等有关的学科，是自然科学和社会科学的交叉。它形成了一套处理复杂问题的理论、方法和手段，常采用定性分析和定量计算相结合的方法。因为系统工程所研究的对象往往涉及人，这就涉及人的价值观、行为学、心理学、主观判断和理性推理，因而系统工程在处理问题时不仅具有科学性，而且具有艺术性和哲理性。

自组织理论研究系统是如何自动地由无序走向有序，由低级有序走向高级有序的。其研究对象主要是复杂自组织系统（生命系统、社会系统）的形成和发展机制问题。系统演化通常存在两种方式，一种是量变方式，系统状态随时间逐渐地变化，如果可以用函数关系来描写状态随时间变化的话，在量变过程中，描写状态随时间变化的函数关系式不会发生变化；另一种是质变方式，系统状态发生突变，突变前后状态变量的个数和形式等都可能发生改变。如果系统之外没有一个组织者，是系统"自组织"起来，形成一定的结构，就称之为自组织系统。

自组织理论由耗散结构理论（dissipative structure）、协同学（synergetics）、突变论（catastrophe theory）和超循环理论（super circle）组成，其理论内

核完全可以由耗散结构理论和协同学给出。自组织理论以新的基本概念和理论方法研究自然界和人类社会中的复杂现象，并探索复杂现象形成和演化的基本规律。耗散结构理论是比利时物理化学家普利高津（I. Prigogine）于1969年提出的，耗散结构是一个远离平衡状态的非线性系统，通过不断地和外界交换物质和能量，从而形成自组织状态，达到一种新的有序结构的状态。协同学研究系统内部各要素之间的协同机制，认为系统内各序参量之间的竞争和协同作用是使系统产生新结构的直接根源。系统要素的独立运动或在局部产生的各种协同运动以及环境因素的随机干扰，使系统的实际状态值总会偏离平均值，这种偏离波动大小的幅度被称为涨落。在系统由一种稳态向另一种稳态跃迁的过程中，系统要素间的独立运动和协同运动进入均势阶段时，任一微小的涨落都会迅速被放大为波及整个系统的巨涨落，推动系统进入有序状态。

自组织理论方法主要包括自组织的条件方法论、自组织的协同动力学方法论、自组织的演化路径（突变论）方法论、自组织超循环结合方法论、自组织分形结构方法论、自组织动力学（混沌）演化过程论、综合的自组织理论方法论等。

20世纪80年代以来，非线性动力学和复杂性研究的兴起对系统科学的发展起了很大的积极推动作用，人们意识到非线性科学对世界本质的认识又跃进了一大步。

（四）空间统计分析方法

统计学是一门古老的科学，其学理研究始于亚里士多德时代，起源于社会经济问题研究，经历了城邦政情、政治算术和统计分析科学等阶段。城邦政情始于亚里士多德的"城邦纪要"，他写了一百五十多种纪要，涉及对历史、行政、人口、资源、财富等社会经济问题的比较与分析。在这方面，中国在夏朝就开始了对人口和土地的统计，战国时期的《尚书》中记载了数量标志和分组的概念。城邦政情式的研究延续到了17世纪中叶才逐渐被政治算术替代，并且很快就演化成统计学，英文statistics依然保留了state（城邦）这个词根。

17世纪中叶威廉·配第《政治算术》一书的问世既标志着古典政治经济学的诞生,也标志着统计学的诞生。该书用数字、重量和尺度来将社会经济现象数量化,是近代统计学的重要特征。配第在书中使用了三种数字,即对社会经济现象进行经验观察和调查到的数字、用数学方法推算出来的数字、进行理论推理的示例性数字,比较明显地体现出了"收集和分析数据"的特点。《政治算术》为统计学的创立奠定了方法论基础。政治算术学派的另一代表人物是约翰·格朗特(John Graunt),其代表作《对死亡率公报的自然观察和政治观察》对当时发布的伦敦流行瘟疫死亡者公报予以整理,用数量详细分析了死亡原因和人口动态,并且第一次编制了"生命表",对死亡率与人口寿命做了分析。17世纪的德国也产生了所谓的"国势学",其主要以文字记述国家的显著事项,分门别类论述包括土地、人口、军事、财政、货币、科学、艺术和宗教等在内的有关国情国力。该学派在进行比较分析中,偏重对事物性质的解释,而不注重数量对比和数量计算,却为统计学的发展奠定了经济理论基础,其代表人物是高特弗尔德·阿亨华尔(Gottfried Achenwall)。后来随着资本主义市场经济的发展,对事物量的计算和分析显得越来越重要,该学派分化为图表学派和比较学派。

到19世纪中叶,由于概率论的广泛应用,统计学取得了很大进展,统计学形成了新的各种不同的学派,主要有数理统计学派和社会经济统计学派。

数理统计学派的创始人是比利时的阿道夫·凯特勒(L. Adolphe Jacques Quetelet),他认为统计学就是数理统计学,是现代数学的一个重要分支,是研究自然现象和社会现象的方法论体系,否认社会统计学的存在。凯特勒著有《论人类》、《概率论书简》、《社会制度》和《社会物理学》等,主张用研究自然科学的方法研究社会现象,重要的贡献是将古典概率论引入统计学,在准确化道路上跨进了一大步,为数理统计学的形成与发展奠定了基础。

社会经济统计学派在一定意义上是"政治算术"学派的继续,认为统计学研究的对象是社会现象,目的在于明确社会现象内部的联系和相互关系。该派创始人是德国经济学家、统计学家克尼斯(Adolf Knies),他在论文《独立科学的统计学》中概括了当时各国经济学家和统计学家的意见，提出了"国家论"和"统计学"科学分工的立场。该学派坚持统计学是一门社会科学，是研究社会现象变动原因和规律性的实质性科学，强调在统计学研究中必须以事物的质为前提和认识事物的质的重要性，而数理统计是不计质的方法论，因此是一门应用数学。

20世纪初以来，科学技术迅猛发展，尤其是计算机技术、信息技术、网络技术等的不断提高和普遍推广，使社会发生了巨大变化，统计学进入了快速发展时期，逐渐由记述统计向推断统计发展，由社会、经济统计向多分支学科发展。记述统计是对所搜集的大量数据资料进行加工整理、综合概括，通过绘制直方图、编制次数分布表和计算各种特征数等对资料进行分析和描述；而推断统计则是在搜集、整理观测的样本数据基础上，根据条件和假定（模型），对未知事物有关总体做出以概率形式表述的推断。其现在被广泛地应用于生物、天文、经济、社会、旅游、医学等众多领域，形成了许多相对独立的更加专业化的社会经济统计学分支学科。云计算技术、数据挖掘技术等一系列新技术、新方法在统计领域不断得到开发和应用，统计预测和决策有了很大发展。例如，"大数据辅助突发公共安全事件防控平台"可通过对手机用户通信行为的分析，及时发布监控区域人员流量数据分析结果，为政府应急指挥提供数据支撑。该平台已被成功应用于旅游、交通、民生等行业，为浙江省内普陀山、东钱湖等33个景点提供了游客流量统计、游客客源分析、景区热点排名等数据分析服务。

空间统计分析是一个起源于矿业领域的应用数学分支。它致力于解决具有空间关联的数量问题，克服了经典统计学被应用于空间数据处理时存在的一些问题。它针对像资源、生物群落、地貌等有着特定地域分布特征的客体，以具有空间分布特点的区域化变量理论为基础，研究自然现象的空间变异与空间结构。南非学者克里格（D. G. Krige）最初提出其萌芽思想，马特隆（G. Matheron）和塞拉（J. Serra）对其进行了改造和完善。

空间统计分析处理的对象为空间分布的变量（区域化变量），在局部的某一点，它的取值是随机的（随机性），而对整个区域而言，存在一个总体或平均的结构（结构性），相邻区域化变量的取值具有该结构所表达的相关关系。区域化变量可以被看作随机变量的一个现实（realization），而对于随机变量，必须在已知多个现实的前提下，才能总结出其随机函数的概率分布。区域化变量增量的方差被称为变异函数，空间统计分析根据样本点及变异函数的计算公式来确定某一变量随空间位置而变化的规律，以此去推算未知点的属性值。

空间统计分析的研究方法包括局部估值、不确定性预测、模拟及图像分析四部分。局部估值实际上是一种广义的最小二乘回归算法，而其最优目标被定义为误差的期望值为 0，方差达到最小；不确定性预测是求出一个无偏的最优估值，并给出每个估值的误差方差，用来表示其不确定性；模拟是利用各种不同类型的数据再现已知的空间格局；图像分析采用数学模型并结合图像处理的技术来分析底层特征和上层结构，从而提取具有一定智能性的信息。目前，GIS 提供了强大的数据库系统，具有同样空间范围的多种专题信息，包括图像文档。大数据和云计算的发展可对手机用户通信行为数据进行所需要的分析。

空间统计分析不仅可以对空间分布数据的结构性和随机性、空间相关性和依赖性、空间格局与变异进行研究，还可以对空间数据的最优无偏内插进行研究，模拟空间数据的离散性及波动性。

随着研究的深入，空间统计分析方法的应用领域和范围不断扩大，目前已被广泛应用于农业、地质、土壤、水文、环境、经济等领域。不少学者先后对空间统计的一些基本理论如地理邻近矩阵的构建、空间自相关的度量、期望值的推导、空间相关的识别与显著性检验、空间自相关模拟、空间自回归分析等进行了广泛的研究（Moran，1950；Griffith，1984；Getis，1992；Anselin，1995），利用数学、数理统计方法和计算方法等，结合历史统计资料，对经济理论和价值问题进行分析。

三　资源的活性与产权

人类的生存和发展活动与人类对资源的利用和创造密不可分。大自然是人类生命的摇篮，为人类的物质和精神生活提供必不可少的资源和环境条件，它维持生物多样性，调节气候变化，净化环境，维持生态循环，维护人的身心健康，激发人的精神文化追求，等等。经济活动是人类生存发展活动中最基本的活动，资源在其中扮演着极其重要的角色。

自然物质和自然条件、生态环境和人工环境，共同构成自然资源。它是人类社会赖以生存的物质基础。但是现代经济发展改变了人们心中资源只是自然资源的观念，人们形成了更加广阔的资源观，除了自然资源外，资本、人力是资源，社会经济活动所使用的制度、组织方式、管理方式等是更重要的资源，信誉、信息、知识资源等正在成为当今世界经济发展的关键因素。在对资源进行细分以后，就会发现这些资源中含有许多活的成分，如经验、技能、知识、判断力、适应力以及人或组织系统内外的各种联系等。

斯蒂格利茨在《经济学》中指出，从人类的需求上来说，资源是稀缺的，经济生产的所有资源都是稀缺的，因此需要最佳、最有效地配置。

撇开人类活动，宇宙只是宇宙，不可能是资源，因此，资源是由于人需要生存和发展而存在的。但是，从资源的活性来说，人类创造资源具有非稀缺性。人类的发展说明了人类可以不断找到有效途径来解决其所面临的资源稀缺性，源源不断地创造出新的资源。

在整个自然经济时期，土地资源在经济发展中起到了决定性作用。从原始社会到封建社会，人们不仅把土地（土壤、阳光、气候、雨水、矿产、与自己生存相关的野生动植物）看成他们经济活动的资源，而且通过土地资源开拓出新的资源种类或同种类的不同内容：从直接利用土地上的野生果实和野生动物，到在土地上进行耕作种植、对野生动物进行驯养、简单开采某些矿产等。他们所拥有的土地资源等十分有限，这制约着他们的生活方式、行为方式、经济活动方式和思维方式，并使得有限的资源由少数个体支配，束缚了另外那多数部分个体的创造力量。在这一漫长的历史时期，由于人类对土地资源的依赖，人类的经济活动方式是自然经济方式，靠天吃饭，形成了重农轻商的生活方式、思维方式和价值观念。尽管如此，人类的发展还是创造了氏族制度、奴隶制度、封建制度，这些制度资源逐渐使得个体在经济活动中产生了活力，创造、调动和发展了劳动力等资源。

这种演变使得氏族社会土地的使用权变成了奴隶社会奴隶主对全部土地的所有权和封建社会封建主对部分土地的所有权。

当人类不同群体的经济活动出现了物物交换时，商品经济开始产生了。在商品经济社会，资本作为资源登上了历史舞台，资本主义社会才开始形成。当人们把生产的产品拿到市场上销售时，产品成了商品，资本变成了产品生产要素。按照马克思的观点，虽然资本表现为一定的物，如货币、机器、厂房、原料、商品等，但资本的本质不是物，而是体现在物上的生产关系。马克思的资本流通公式 G—W—G′（G 是货币资本，W 是商品资本，G′ = G + △g，△g 表示原预付资本的增加额，被称为剩余价值）表明货币在运动中能够带来价值增值，从而转化为资本。货币转化为资本的前提条件就是劳动力成为商品，劳动力的支配使用权和劳动产品全部归资本家所有，资本家凭借对生产资料的所有权剥削失去生产资料的雇用工人的剩余劳动，无偿占有了剩余价值。马克思认为，资本本身就是一种社会经济关系，因此，资本在根本上是一种社会资源。

自然经济社会中土地是主导资源，商品经济社会中资本是主导资源，土地资源主要是自然资源，资本资源主要是社会资源，土地资源和资本资源的生命力在于不断地增值。资本资源代替土地资源成为人类经济活动的主导资源，标志着人类由以自然资源为主发展经济转向以社会资源为主发展经济，人类的生存和发展从主要依靠自然转向主要依靠社会自身。这种改变直接导致了人与人之间丰富的流动，充分调动了人的各种才能、潜能，促进了人的创造性的发挥，为服务经济时代的到来打下了坚实的基础。

当电影《阿凡达》初上映一个月票房收入 21 亿美元相当于中国宝钢集团 2009 年全年的利润总额，电影《泰坦尼克号》当年的票房收入超过日本汽车工业产值加上机械工业产值的总和时，当网络购物风靡时，人们已经不再说它们不创造物质财富，服务经济时代实际上早已到来。服务经济是指服务业的产值在国内生产总值（GDP）中的比重超过 60% 的一种经济状态，或者说服务业中的就业者在整个国民经济全部就业者中的比重超过 60% 的一种经济状态。服务经济时代是人类社会发展的必经阶段，人类创造的互联网资源和物联网资源为服务经济的发展增加了动力。可以预见，网络资源（互联网和物联网）将像资本资源代替土地资源成为人类经济活动的主导资源一样会成为服务经济时代的主导资源。

土地、资本和网络资源的共同作用，催生了现代旅游资源，而"旅游资源"这一概念是随着现代旅游活动的发展而出现的，并且是在人们开发旅游资源的过程中逐步被认识的。虽然旅游资源和其他资源一样是客观存在的，但曾经有两种观点：一种认为只有客观存在的"实在物"，如湖光山色、花草树木、阳光海滩、文物古迹、园林建筑等"物质"的东西才称得上是旅游资源，非物质的东西则不是旅游资源；另一种观点认为"精神"的东西也属于旅游资源，精神的东西是在物质基础上产生并依附于物质而存在的，像各种传说、优美故事等。

旅游资源最核心的特点是它具有激发旅游者动机的吸引性和对旅游者的服务性，只有对旅游者有吸引力并被旅游业利用后产生效益的客体才可以称得上是旅游资源。

旅游资源的第二个特点是它具有利用的永续性和不可再生性。有一些资源，如矿产资源、森林资源等在人们的利用过程中将被消费掉或是需要通过自然繁殖、人工饲养和栽培以及再生产来补充，但是大多数旅游资源是不会被旅游者的旅游活动消费掉的，旅游者只是在旅游活动中使用这些资源获得自身需要（观光、泛舟、滑冰、登山、度假）的美好的感受，而不能带走旅游资源本身。

旅游资源的第三个特点是资源的增值性和开发利用的多样性。和土地资源、资本资源一样，其生命力在于不断地增值。旅游资源本身就是因为旅游服务经济而诞生的，其增值有赖于旅游者的需求变化。旅游资源开发利用的多样性不但取决于旅游资源本身，也取决于人们对旅游资源的需求。

旅游资源的第四个特点是旅游资源价值的确定具有复杂性。旅游资源的种类繁多，且每一种旅游资源的景点各异，差别很大；不同旅游者的旅游目的、预期、感知等差异很大；旅游资源的产权状况也较复杂；等等。

在经济学中，产权作为一种权利，是一种排他性的权利。产权是经济所有制关系的法律表现形式。它包括财产的所有权、占有权、支配权、使用权、收益权和处置权。在市场经济条件下，产权的属性主要表现在三个方面：产权具有经济实体性、产权具有可分离性、产权流动具有独立性。

产权的功能包括激励功能、约束功能、资源配置功能、协调功能等。以法权形式体现所有制关系的科学合理的产权制度，是用来巩固和规范商品经济中财产关系、约束人的经济行为、维护商品经济秩序、保证商品经济顺利运行的法权工具。

人类历史的早期，由于生产力发展水平较低，经济活动的范围也比较狭窄，能够作为财产的东西不多，经济活动和社会活动交织在一起，没有从社会生活中完全独立出来，所以财产权与社会其他权利往往交织在一起。那一时期，事物和对象成为财产，关键是在占有，在于人和物之间客观存在的占有关系或人对物的占有权利。近现代社会经济活动已经从社会生活中获得了独立性，且构成了整个社会生活的基础，产权的内涵和外延变得更加丰富和重要。

陈甬军（2001）在《过渡市场论——中国产权市场研究》中指出，从产权的归属对象来看，产权形式主要有私有产权、公共产权、社团产权和国有产权四种类型。公共产权是指财产的权利界定给公众行使，任何人在行使对公共资源的某项选择权利时，并不排斥他人对该资源行使同样的权利，它有完整的不可分性。当某人对一种资源行使某权利，并不排斥同一团体内其他成员对该资源行使同样的权利时，这种产权被称为社团产权或俱乐部产权。社团产权对每个成员具有不可分性，每个成员对社团或俱乐部拥有全部的产权，但这个资源或财产实际上并不属于每个成员自身。一般来说，单个社团成员对社团提供的产品的消费不会影响或减少其他成员对同一物品的消费，但有一个临界点，一旦超过临界点，就会产生影响，拥挤就会出现。

根据我国宪法规定，旅游资源是国家产权，即全民所有，但也存在着集体所有制形式，如乡村旅游的自留山、耕地、农宅等。从总体来看，我国旅游资源产权是明确的，但在一些实际的旅游经济活动中，管理体制还不够完善，旅游资源产权是虚化模糊的。例如，按法律规定，我国国有产权的利益主体有四个（杨振之、马治鸾、陈谨，2002）——全体人民、中央政府和各级政府、经营者、国有企业职工，他们都有权对旅游资源进行管理，但旅游资源的所有权与管理权、使用权三权混淆，有时候行政权、经营权管理代替了所有权管理，国家所有权受到了条块的多元分割。另外，旅游资源进入市场也存在诸多产权问题，因为旅游资源不同于一般的经济资源。

四 旅游资源研究进展

旅游作为一项活动古来有之，最早见诸记载的研究文献是 1899 年意大利政府统计局的博迪奥（L. Bodio）发表在杂志上的论文《外国人在意大利的移动及其花费的金钱》（*Sul movimento dei forestieri in Italia e sul denaro che vi spendono*）。但是，对现代旅游业特别是旅游资源的研究，可以追溯到 20 世纪 30 年代，K. McMurry 在美国《地理评论》上发表了题为 *Relationships Between Recreation and Land-use* 的论文，他和早期旅游研究者将休闲与旅游视为一种土地利用方式，开展了旅游资源的调查和评价工作。

1942 年，Walter Hunziker 教授和 Kurt Krap 教授发表了专著《旅游总论概要》，在这本书中，作者认为：旅游现象的本质是具有众多相互作用的要素和方面的复合体，这个复合体是以旅游活动为中心，与国民、保健、经济、政治、社会、文化、技术等社会中的各种要素和方面相互作用的产物。

20 世纪 50 年代中期，由于喷气式民航客机在国际民航交通中的广泛应用，跨越大洋的旅游活动成为价廉、迅速、轻而易举的事项，欧美大陆间大规模游客流动的旅游现象很快就扩展到了全世界，旅游外汇收入成为许多国家的重要外汇来源，Marion Clawson（1958）发表了他的开创性著作《旅行费用方法》，用以评估自然资源改善所产生的舒适性效益。

进入 20 世纪 60 年代，全球范围内大规模的客流现象有增无减，各门学科的学者也开始在经济学、社会学、人类学、心理学、地理学、环境和生态科学等各自专业领域内展开了对现代旅游现象的研究。由旅游活动的迅速发展带来的问题也远比过去复杂，因而学者开始运用多个学科的理论和方法进行综合研究。这时期最有影响的研究是"旅游影响研究"，许多学者都认为应首先着眼于旅游发展对接待地社会经济发展的意义以及所造成的负面影响。Ridker Ronald G. 和 John A. Henning（1967）在 *Review of Economics and Statistics* 等刊物上发表了用房地产价值方法来确定环境质量改善所产生的价值。

20 世纪 70 年代，客流量在一定时间和空间范围内相对集中，使得接待地社会和环境受到了空前巨大的压力，有的已经超出了它的承受能力，这一时期"旅游影响研究"逐渐形成了旅游经济、旅游社会文化、旅游环境与生态三个影响研究领域。一个重要的研究成果是 Smith 于 1977 年主编的 *Host and Guests：The Anthropolopy of Tourism*，其中包括 15 篇文献。在旅游资源价值评估研究上，Burt 和 Brewer（1971）在论文 *Estimation of Net Social Benefits from Outdoor Recreation* 中建立了一种多景点模型，这种模型可以根据要求方程通过对个体进行观察所得到的数据进行评估。

20 世纪 80 年代，旅游研究的方法问题受到了普遍重视，旅游研究进入了一个较高的层次，上升到了对内涵本质的研究。Morey 在 1981 年至 1985 年的一系列论文中开发了一个模型，即在景点价格和质量一定的条件下，人们在各种景点之间如何分配其既定的舒适性时间和货币预算；系统分析方法也由 Riddick、Deshriver 和 Weissinger 于 1984 年引进到了旅游研究中，Bockstael、Hanemann 和 Stand 于 1986 年建立的随机效用模型（RVM），在景点的价值和景点特性变化的效益方面具有广泛的应用性。

20 世纪 90 年代后期，旅游研究进入了跨国时期。跨国旅游研究组织 International Academy for the Tourism Studies 于 1990 年出版了院刊《旅游研究杂志》，旅游业可持续发展是该时期的主要热点。美国学者 William Theobald 于 1998 年主编出版了 *Global Tourism：The Next Decade*（*2nd Edition*），该论文集收入了世界各国 33 位旅游专家的新观点，基本上包括了世界上旅游研究的各个方面，也重点讨论了旅游业可持续发展的内容，强调所有利益相关者的和谐共同发展，特别是作为弱势群体的当地居民的承载力及自主发展。

国内对旅游现象的系统研究从 20 世纪 80 年代开始，起初大多与旅游地理学相关，逐步包括了旅游资源的调查与评价、旅游规划、旅游开发等。

邓观利（1983）出版了《旅游概论》一书，郭来喜在科学出版社出版了《旅游地理学》，黄辉实（1985）在上海社科院出版社出版了《旅游经济学》，提出了旅游资源的标准——美、古、名、特、奇、用和旅游资源所在环境的七大标准——季节、污染、联系、可进入性、基础结构、社会经济环境、市场组成的评价体系。雷明德等（1986）在西北大学出版社出版《旅游地理学》，卢云亭（1988）在《现代旅游地理学》中，提出了三大价值、三大效益和六大条件的旅游资源评价体系。20世纪90年代后期，这方面的书籍如雨后春笋般地出版，一般是从旅游资源的形成、特点、分类、范畴、审美、调查评价、规划、开发及环境保护等方面进行论述。其中，杨振之（1996）在《旅游资源开发》中认为：将旅游资源单向地视为旅游目的是有缺陷的，因为存在着双向吸引（旅游地和旅游者之间互相吸引）和中介吸引（旅游服务与设施也与上述二者互相吸引）；旅游资源包括客源市场、旅游地资源、旅游服务及设施几个主要因素。

肖星、严江平（2000）在其《旅游资源与开发》一书中，总结前人的研究成果，分析了各种关于旅游资源的定义后，总结了旅游资源的三个基本属性：①旅游资源是一种客观存在，是旅游业发展的物质基础；②旅游资源具有激发旅游者动机的吸引性；③旅游资源能为旅游业所利用，并由此产生经济效益。该书指出，由于受旅游业、旅游活动、地理环境和人们的审美观差异等因素的影响，旅游资源具有对旅游者的吸引性、区域性、多样性和综合性、永续性和不可再生性。同时，在旅游资源的概念界定上还存在分歧，包括对旅游资源客体的形成原因是"自然"还是"开发"的争议，对旅游资源的开发能否统一实现经济、社会和生态环境三大效益的争议。

保继刚、楚义芳（2002）在其编著的《旅游地理学》（修订版）一书中认为，旅游资源是指对旅游者具有吸引力的自然存在和历史文化遗产，以及直接用于旅游目的的人工创造物。旅游资源的概念包括这样一些内涵：①它存在于旅游目的地这就排除了从客源地到目的地之间的因素；②它应是在客流的恒量中起促进作用的因素；③它应是直接用于欣赏、消遣等的因素；④在不同的地方旅游资源的构成不一样。

五 本书主题及内容

本书在其他学者研究的基础上，应用数理模型和系统科学等方法，建立起了旅游资源与开发的系统结构，对旅游资源价值进行深入探讨，以可持续发展思想为指导，对旅游资源价值、旅游资源开发与可持续发展进行了评价。本书以谌贻庆的博士论文为基础，由谌贻庆和甘筱青加以改进和充实。本书得到了江西省高校人文社会科学重点研究基地——南昌大学旅游规划与研究中心的资助，是国家自然科学基金项目"旅游资源价值与可持续发展评价指标和方法"（批准号：70173048）的成果。

（一）研究主题

第二次世界大战后，旅游业经过几十年迅速发展，已于1992年发展成为世界最大的产业。2002年，国际旅游的旅游人数突破7亿人次。据世界旅游组织研究报告，到2020年，中国将成为世界上最大的旅游接待国。国内已有相当一批省市和地区的发展规划把旅游业定为支柱产业。

旅游业作为社会经济系统的重要组成部分，对我国国民经济的发展做出了很大的贡献，但同时也给我们带来了忧虑。旅游资源开发中盲目开发现象屡禁不止，除了市场规范不力外，还有一个重要的原因是没有将旅游资源与开发视为一个系统来进行分析和合理评价，它像21世纪一系列困扰人类的世界性问题——人口膨胀、环境污染、能源枯竭、资源匮乏、国际恐怖活动等，干扰着人类的生存和发展。

2001年3月11日，在中央人口资源环境工作座谈会议上，领导同志提出，保护和合理利用资源的工作要按照"有序有偿、供需平衡、结构优化、集约高效"的要求来进行，以增强资源对经济社会可持续发展的保障能力。要做到对旅游资源的有序有偿利用和保持其供需平衡，必须进行旅游资源价值构成及其表现的理论分析，建立旅游资源管理的评价指标和方法，从而在旅游业开发中做到系统上结构优化，管理上集约高效。

一个多世纪以前，马克思认为耕作如果自发地进行，而不是有意识地加以控制，接踵而来的就是土地荒芜。恩格斯也于1873年在《自然辩证法》中提出"我们不要过分陶醉于我们对自然界的胜利。对于每一次这样的胜利，自然界都报复了我们。每一次胜利，在第一步都确实取得了我们预期的结果，但是在第二步和第三步却有了完全不同的、出乎预料的影响，常常把第一个结果又取消了……"。世界土地沙漠化进程加快、沙尘暴天气增多等正应验了马克思、恩格斯的论断。

旅游与可持续发展有一种天然的耦合关系。世界环境与发展的纲领性文件《21世纪议程》中有7处直接提到了旅游业，充分说明了旅游与可持续发展的重要关系。认识旅游资源的价值，使之充分体现并不断升值，是社会与经济可持续发展中的重要方面。旅游除了为追求体验不同的大自然，还为追求体验不同的人文，但我国珍贵的文化遗存曾经在一些人看来也是没有什么价值的，首先是城乡的某些历史遗存（文物、古建筑等）经历了一些破坏，被视为弃物而遭到铲除。前些年更为突出的是，文化遗存遭受旅游性破坏，其特点包括庸俗化地翻新、粗鄙化地再造和强制性地规划。这些出于急功近利目的而随意折腾文化遗存的活动，最终将毁了我们的历史文化遗存。可持续旅游要求人们以长远眼光从事旅游经济开发活动，并对经济不断增长的必要性提出质疑，以及要求确保旅游活动的开展不会超越旅游接待地区未来亦有条件吸引和接待旅游者来访的能力。

因此，即使仅从旅游规划及开发的角度，也要加强对旅游资源的价值理论研究及阐述。如果承认自然资源有价值，开发者就要缴纳资源开采费，经营者就要将自然资源价格计入成本，使用者就要缴纳使用费；如果承认人文资源有价值，开发者就应懂得只有原汁原味的历史人文的生态才能保持永久的价值，就应懂得保持历史感和人文美的重要性。这样，我们能够在旅游资源开发的始端（风景名胜区当地政府及旅游管理部门）端正认识，从而加大珍惜保护力度，合理开发旅游资源。

（二）内容框架

本书以可持续发展思想为指导，应用系统科学，建立起旅游资源与开发的系统结构，从而对旅游资源价值进行深入探讨并做出合理评价。根据逻辑顺序和内在联系，内容分为 8 个章节。

第一章为绪论，综述了国内外价值理论的框架和发展轨迹，指出价值研究的各种方法，回顾了旅游资源国内外研究状况，论述了资源的活性与产权性质，并且围绕着旅游资源的价值理论与评价，综述了国内外研究的宏观背景，引出了有待解决的问题，构建了本书的结构安排。

第二章对一些旅游的核心概念进行界定，梳理了旅游资源价值的国内外研究成果，利用系统工程的思想，采取系统思维的方法，对旅游资源及开发系统结构进行研究设计；从反映"物与物之间关系"、反映"人与物之间关系"、反映"人与人之间关系"这三大关系角度论述了旅游资源价值的表现，并在此基础上得出旅游资源价值构成，指出旅游资源价值由构序价值、体验价值和劳动价值转移三部分构成。

第三章从反映"物与物之间关系"出发，论述了旅游资源结构和构序价值，回顾了旅游资源与开发系统的研究进展，详细分析了旅游资源与开发系统各组成部分的相互关系和相互作用，指出了旅游资源"构序价值"新概念的内涵组成，指出旅游资源在系统中的空间序和时间序对价值的影响，认为 T 时刻组合 s 的价值 $v(s)$ 为：

$$v(s) = \int_0^T Q'(t) \frac{R(t)}{P(t)N(t)P'(t)\lambda(t)} \mathrm{d}t$$

并着重论述了事件价值的含义、特点和表现形式。

第四章考察了旅游资源与开发系统的演化轨迹，论述了自然经济时期、商品经济时期和服务经济时期旅游资源与开发系统的状态和特征，从文化、经济、政策、技术等方面研究了系统环境对旅游资源与开发系统的各种影响，阐述了旅游资源与开发系统的演化机制。

第五章从反映"人与物之间关系"出发，根据旅游资源与开发系统的结构，详细论述了旅游吸引力概念的内涵，明确了旅游吸引力是由系统许多相互作用力合成，在旅游资源与开发系统外面也存在对系统产生深刻影响的作用力，并分析了旅游吸引力的作用方式，在研究了他人建立的各种旅游吸引力模型的基础上，建立了自己的旅游吸引力模型；论述了旅游资源体验价值，提出了"体验价值"的概念及内涵，指出旅游资源价值很大一部分表现在人在旅游资源体验过程中的差异，认为 T 时刻旅游资源的体验价值为：

$$v = \int_0^T \sum_{i=1}^x \sum_{j=1}^y c_{ij}(t)\{E[\,Q_{ij}(t)\mid\varPhi_{ij}(t)\,]-E[\,N_{ij}(t)\mid\varPsi_{ij}(t)\,]\}\mathrm{d}t$$

并通过旅游者的效用分析来描述旅游资源价值在这方面的表现。

第六章从反映"人与人之间关系"出发，论述了旅游服务劳动价值转移，从利益稀缺的表现阐述了产权界定与旅游资源交易，指出了旅游活动的合作机制，论述了"劳动价值的转移"的作用及其与利益稀缺的表现形式，指出产权在旅游资源价值管理方面的作用和可能产生的副作用，并论述了产权管理在旅游资源与开发系统中的重要性。

第七章指出旅游资源开发超过旅游资源承载力，旅游资源与开发系统结构会被破坏，旅游体验与旅游者预期的差距就会扩大，旅游者效用降低，这不但会造成旅游资源构序价值与体验价值的降低，而且会因为旅游量的减少降低旅游资源的劳动转移价值。对旅游承载力进行研究，针对不同的旅游承载力进行了具体分析，研究了各种承载力之间的关系，从旅游目的地收益及成本、旅游者效用两个方面对旅游承载力进行了深入阐述，对超过承载力时旅游资源的价值变化进行深入分析，并指出旅游承载力是一个动态概念，提出了对旅游承载力进行有效管理的办法。

第八章围绕旅游资源的评价，论述了旅游资源价值的评价过程，根据旅游资源与开发系统结构，总结了旅游资源评价方法，对旅游资源构序价值评价进行了论述，对龙虎山风景名胜区的旅游资源的现状和旅游吸引力、旅游承载力情况进行了分析计算，提出了有利于旅游资源体验价值评价的旅游人数预测方法。

参考文献

〔古希腊〕色诺芬：《经济论——雅典的收入》，张伯健、陆大年译，商务印书馆，1961。

〔英〕威廉·配第：《赋税论、献给英明人士、货币略论》，陈冬野等译，商务印书馆，1978。

〔英〕亚当·斯密：《国民财富的性质和原因的研究》，郭大力、王亚南译，商务印书馆，1972。

〔英〕大卫·李嘉图：《政治经济学及赋税原理》，郭大力、王亚南译，商务印书馆，1962。

〔奥〕庞巴维克：《资本实证论》，陈端译，商务印书馆，1964。

〔英〕杰文斯：《政治经济学理论》，郭大力译，商务印书馆，1984。

〔英〕罗宾逊：《不完全竞争经济学》，王翼龙译，商务印书馆，1961。

〔英〕马歇尔：《经济学原理》，陈良璧译，商务印书馆，1964。

〔英〕斯拉法：《用商品生产商品》，巫宝三译，商务印书馆，1972。

〔美〕A. 迈里克·弗里曼：《环境与资源价值评估——理论与方法》，曾贤刚译，中国人民大学出版社，2002。

冯尚友：《水资源持续利用与管理导论》，科学出版社，2000。

郑易生：《资源价值与利益集团》，载于张晓、郑玉歆主编《中国自然文化遗产资源管理》，社会科学文献出版社，2001。

张晓：《转型期自然文化遗产资源管理的经济学理性》，载于张晓、郑玉歆主编《中国自然文化遗产资源管理》，社会科学文献出版社，2001。

晏智杰：《经济学价值理论新解》，《北京大学学报》2002 年第 6 期。

〔英〕亚当·斯密：《道德情操论》，蒋自强等译，商务印书馆，1992。

樊纲：《论均衡和非均衡的可持续性》，《经济研究》1991 年第 7 期。

〔美〕斯蒂格利茨：《经济学》，平新乔、胡汉辉译，中国人民大学出版社，2000。

陈甬军：《过渡市场论——中国产权市场研究》，经济学出版社，2001。

杨振之、马治鸾、陈谨：《我国风景资源产权及其管理的法律问题》，《旅游学刊》2002 年第 4 期。

申葆华：《国外旅游研究进展》，《旅游学刊》1996 年第 1、2、3、4 期。

〔美〕威廉·瑟厄波德：《全球旅游新论》，张广瑞译，中国旅游出版社，2001。

邓观利：《旅游概论》，天津人民出版社，1983。

黄辉实：《旅游经济学》，上海社科院出版社，1985。

黄辉实：《资源、评价、开发》，载《中国旅游年鉴》，1990。

雷明德等：《旅游地理学》，西北大学出版社，1986。

卢云亭：《现代旅游地理学》，江苏人民出版社，1988。

李天元:《旅游学概论》,南开大学出版社,1988。

保继刚、楚义芳编著《旅游地理学》,高等教育出版社,1993。

杨振之:《旅游资源开发》,四川人民出版社,1996。

肖星、严江平:《旅游资源与开发》,中国旅游出版社,2000。

保继刚、楚义芳编著《旅游地理学》(修订版),高等教育出版社,2002。

Walras L. , *Elements of Pure Economics*, London: Allen and Unwin, 1954.

Pigou A. , *The Economics of Welfare*, London: Macmillan, 1920.

Hicks J. , *Value and Capital*, Oxford, England: Clarendon Press, 1946.

Hicks J. , "The Four Consumer Surpluses", *Review of Economic Studies* (1) 1943.

Krutilla, John V. , "Conservation Reconsidered", *American Economic Review* (4) 1967.

Pearce D. W. and Moran D. , *The Economic Value of Biodiversity*, IUCN, 1994.

Mas-Collel, Andreu. , *The Theory of General Economic Equilibrium*, *A Differentiable Approach*, London: Cambridge University Press, 1985.

Willenbockel, Dirk. , *Applied General Equilibrium Modelling*, John Wiley, 1994.

Bertalanffy Von. , *General System Theory*, New York: George Breziller, 1973.

Moran P. A. P. , "Notes on Continuous Stochastic Phenomena", *Biometrika* (37) 1950.

Griffith D. A. , *Theory of Spatial Statistics in Spatial Statistics and Models*, Edited by Gaile G. L. , Willmott C. J. , Boston: D. Reidel Publishing Company, 1984.

Getis A. and Ord J. K. , "The Analysis of Spatial Association by the Use of Distance Statistics", *Geographical Analysis* (24) 1992.

Anselin L. , "Local Indicators of Spatial Association-LISA", *Geographical Analysis* (2) 1995.

Marion Clawson, *Methods of Measuring the Demand for and Value of Outdoor Recreation*, RFF Reprint No. 10, Washington, D. C. : Resources for Future, 1958.

Ridker Ronald G. and John A. Henning, "The Determinants of Residential Property Value with Special Reference to Air Pollution", *Review of Economics and Statistics* (1) 1967.

Burt Oscar R. and Dukwand Brewer, "Estimation of Net Social Benefits from Outdoor Recreation", *Econometrical* (5) 1971.

Morey Edward R. , "Confuser Surplus", *American Economic Review* (1) 1984.

Bockstael Nancy E. , W. Michael Hanemann and Ivar E. Strand Jr. , *Measuring the Benefits of Water Quality Improvement Using Recreation Demand Models*, Report to the U. S. Environmental Protection Agency, College Park, Md. : University of Maryland, 1986.

第二章　旅游资源价值表现

　　每个时代都有自己的价值观，它不仅支配着人们的经济活动，而且影响着这个时代的经济发展。在原始社会里，人类以部落方式生存，他们所面临的险恶生存处境使他们形成了休戚与共的本能，集体主义是他们生存的方式。哈耶克（Friedrich Von Hayek，2000）在《致命的自负——社会主义的谬误》中指出，"野蛮人并不是孤立的个人，他们的本能是集体主义的，根本就不存在'一切人反对一切人的战争'"，他们依赖与自己生存相关的土壤、阳光、水、自然生物等。人类的生活秩序，是在人类随着能力的提高而逐渐发展出禁止集体主义本能的行动规则的过程中形成的，从直接采摘野生果实、捕猎野生动物，到在土地上进行耕作种植，从进行动物饲养活动到矿产的采掘活动，再到大机器生产技术，人类生存发展、从事经济活动的能力从低级到高级演进。在这个漫长的历史进程中，原始部落从只有生活资料到维持生活仍有剩余，从进行大规模狩猎活动到进行以掠夺为目的的攻击、侵占活动，产生了有闲阶级和所有制（凡勃伦，1964），产生了对其他事物的所有权，从而导致人们之间利益冲突和强制性习惯的产生。在生产资料私有制和社会分工条件下，人们满足生活需要和发展经济必然产生交换，从而导致商品经济的产生。

　　商品经济经历了实物交换经济、简单商品经济、自由竞争条件下的商品经济和竞争与垄断相结合的商品经济等不同发展阶段。在商品经济社会中，任何物质只有转化为商品时，才能被社会承认是有价值的，而环境、生态、资源由于难以转化为商品，因而常常被认为是没有价值的。这种对商品物质性的片面追求导致了环境污染、生态恶化、资源短缺；另一方面，由于人类物质需要的实现从来离不开人类的精神活动，而人类的许多精神需要也要借助物质中介才能实现，所以，在商品经济高度发达的时候，人们开始为实现休闲、观光、审美、陶冶情操等精神需要去注重旅游资源的构建。

一　旅游资源价值研究进展

正如我们在第一章指出的那样，"价值"作为经济学术语，最早出现在古希腊著名思想家色诺芬所著的《经济论》一文中。在人类社会发展的过程中，"价值"一词含义丰富，不同研究领域的人各有各的表述。中国《辞海》中对"价值"的定义为：第一，事物的用途或积极作用；第二，凝结在商品中的一般的、无差别的人类劳动。晏智杰在《经济学价值理论新解》中认为，"价值"这个概念，就其最一般的意义来说，应该是指作为客体的外界物与作为主体的人的需要之间的关系。他指出，任何东西有无价值及价值大小，总要以它是否以及在多大程度上能满足人们的某种需要欲望为转移（晏智杰，2002）。

20世纪50年代后期，人们对自然资源进行大规模掠夺，造成全球大气、海洋、陆地的严重污染，生态环境遭受巨大破坏，迫使人们认识到对自然资源使用的不合理、不计价是造成资源环境危机的根本原因，因此，许多国外学者开始了关于资源价值的大量研究。

J. V. Krutilla（1967）在对资源与环境保护的研究中最早把存在价值（existence value）和非使用价值（nonuse value）引入主流经济学的文献中，他认为"当涉及奇特景观或特有的、脆弱的生态系统时，这些景观和生态系统的保护和存在是许多成员的真实收入的一部分"。Krutilla 和 Fisher（1967）还把存在价值归因为三种动机：同情、期权（option）及未来可用的遗传信息。他们写道："至于存在价值，我们设想人们对环境的漠不关心源于这样一个事实，即他们深信自己永远也不会需要环境所提供的服务……，然而，如果我们承认遗赠动机对个体效用最大化的行为能够起作用……，那么，存在价值就可以仅仅是为了子孙后代的利益而保留独特环境的价值。"Cichetti 和 Freeman Ⅲ（1971）重点对选择价值（option value）进行了专门的论述。Arrow 和 Fisher（1974）又用准选择价值（quasi-option value）的概念来描述当信息不充分时，某些决策引致的环境和资源的不可逆结果的可能成本。随后出现在各种文献中的存在价值，其内涵颇有差异，Fisher A. 和 Reucher R.（1984）认为引发存在价值的动机有：同情消费、遗赠、利他、看护（steward-ship）、内在价值（intrinsic value）等。

Brookshire（1986）等人在讨论存在价值各种动机间的联系时，讨论了各种动机后面隐含的道德伦理观念，把其中一些动机归结为一种反偏好选择（counter-preferential choice），认为基于伦理（尤其是环境伦理）的反偏好选择超出了成本 - 效益分析的效率规范，因而不能在经济效益中得到准确的表述，即个体的最大愿望支付可能大于物体的经济价值。

英国经济学家 D. W. Pearce（1994）将环境资源的价值分为两部分：使用价值和非使用价值。前者再分为直接使用价值、间接使用价值和选择价值；后者分为遗产价值和存在价值（见第一章的表 1 - 1）。对于这样定义环境资源价值，西方一些环境经济学家仍存在争议。一种意见认为，使用价值和存在价值不能同时存在，对某种环境资源的开发，使其产生了使用价值，同时其不再是"将来才利用的环境资源"，从而便没有存在价值了。另外一种意见集中在对选择价值的认识上，认为由于风险和不确定性的作用，选择价值不好确定。这又可以分为三种情况：在环境资源需求一定，而供给不定的情况下，选择价值为正值；在未来环境资源供给一定的情况下，如果由未来的收入不定导致未来对环境资源的需求不定，则对于风险回避者来说，选择价值为负值；而如果由时间偏好的不确定性导致未来需求不定，则选择价值很难得出。

Freeman Ⅲ 于 2002 年用经济学中的补偿变差 CS 来界定。在他的界定中，引用了反映不可使用的互补品 X、该互补品的阻断价格 p^* 以及资源与环境的存在与否的临界指标 q^*。非使用价值 CS_N 和存在价值 CS_E 分别定义如下：

$$CS_N = e(p^*, q_0, u_0) - e(p^*, q^*, u_0), \qquad q_0 > q^*$$

$$CS_E = e(p^*, q^*, u_0) - e(p^*, q_1, u_0), \qquad q_1 < q^*$$

式中 e 为支出函数，u_0 为个人效用水平。

在 Freeman Ⅲ 看来，非使用价值是，在不使用该资源时，资源从现有状态下降到临界状态时个体要求的最小补偿，或从临界点改善到 q_0 水平时个体的最大愿望支付；存在价值是，资源使用临界点下降到某一点时个体要求的补偿。Freeman Ⅲ 试图用 q^* 描述一个不可逆转的资源状态变化，但谁也不能确定不可逆转的 q^* 值，尤其当互补品不存在的时候。

在国内学者对资源价值的研究中，刘文、王炎庠、张敦富（1996）在《资源价格》中对水资源、森林资源、土地资源、燃气资源等的价格进行了论述。较多的学者从生态保护和环境治理等其他方面进行研究，为生态保护和环境治理寻找证据（李慧明，2001）。例如，有的学者从人口众多着手，强调人均资源量的有限，进而强调耕地、森林和水资源保护的必要性和迫切性等。1985 年以后，国内许多学者用马克思的劳动价值论分析了环境资源价值，概括起来，大致有如下几方面的认识。第一，环境资源中直接参与物质资料生产过程的自然资源，在生产过程中由于不断凝结了人类劳动，因而具有价值，包括资源的勘查、开发、运输等环节所加入的劳动的价值。第二，人们生产和生活过程中必需的空气、水、自然景观等环境资源本没有价值，因为这类环境资源是自然界生态循环的产物，不需要加工制造就存在，同时，也不需要运输、分配等这类追加生产过程。但是，现代社会发展的一个严重后果是，洁净的水、空气，美好的自然景观等环境资源变得越来越少了，人们为了满足对它们的需求，不得不从事保护、净化等追加的生产活动，从而使这些环境资源在对其追加保护、净化等劳动的条件下具有了价值。第三，环境资源的价值与它的稀缺性没有直接关系，稀缺的作用在于推动对资源投入的增加。某种环境资源价值的有无与大小决定于物化劳动和活劳动对这种环境资源的投入与否和投入强度。

关于旅游资源有无价值，许多学者认为，应对人文资源和自然资源分别考虑。对于人文旅游资源，按照国家标准《旅游资源分类、调查与评价》

（2003），在旅游资源的 8 个主类中，包含着遗址遗物、建筑与设施、旅游商品和人文活动 4 类，无论从劳动价值论还是从效用价值论的角度，其都可以得到肯定的回答（从哲学的价值观念以及由上述两大价值论衍生出来的其他价值学说分析，也是如此）。因为这些旅游资源都是既凝结了人类的一般劳动，又因满足了人某种程度的欲望而具有效用。对于自然旅游资源，它也包含着地文景观、水域风光、生物景观和自然景象 4 类。这些大多是处于天然状态，即未投入人类劳动而存在的自然资源。按照马克思的劳动价值论来做一般性理解，自然旅游资源就是没有价值的。若从效用价值论出发，某物的价值来源于对人的有用性或效用，其把边际效用定义为价值，因为自然旅游资源满足了人的出游欲望，具有效用，从而它是有价值的。于是关于自然旅游资源究竟有无价值的争论由此而生（谢钰敏、魏晓平、付兴方，2001）。

在旅游资源价值的研究中，国外学者基本上是利用效用价值论的效用最大化原理来进行研究。1958 年，Marion Clawson 首次用旅游费用方法评估自然资源改善所产生的舒适性效益，但是人们对舒适性所做的选择依据的是他们对环境质量的直觉。1968 年，Ronald Ridker 和 John Henning 首次用房地产价值模型来确定环境质量改善所产生的价值。他们认为，"如果土地市场是完全竞争的，那么一块土地的价格就等于由其产生的所有效益现值减去其产生的所有费用现值。当其中的一些费用增加（如需要进行一些另外的维修和清洁时所产生的费用）或者其中的一些效益下降（如人们通过这间房屋不能看到远处的山脉）时，房地产就会在市场中大打折扣，而这实际上反映了人们对这些变化的评价。由于空气污染是对具体地点而言的，而且所提供的这些地点是固定不变的，所以空气污染的负面影响能显著地转移到其他市场的可能性很小。因此，我们应该能够找到在这个市场中得到反映的大部分影响，而且我们能够通过观察有关房地产价值的变化对它们进行计算"。其模型如下：

$$\max \quad u = u(X, Q_i, S_i, N_i)$$
$$\text{s.t.} \quad M - P_{h_i} - X = 0$$

式中 u 为效用函数；X 为综合商品的消费量；Q_i 为第 i 个房屋的位置环境舒适向量；S_i 为第 i 个房屋建筑特性向量；N_i 为第 i 个房屋四周环境特性向量；M 是购房人货币量；P_{h_i} 为第 i 个房屋价格，它是 Q_i、S_i、N_i 的函数，即 $P_{h_i} = P_h(X, Q_i, S_i, N_i)$。在 Ridker 和 Henning 的模型中，假设房屋市场是均衡的，人们对房屋及其特征的偏好是弱分离的，并假定每人只买一套房屋，如果超过一套，那么所买房屋是同质的。在许多假设下，那么就可以根据一阶必要条件估算出一个城市的内涵价格函数 $P_h(\cdot)$。他们使用的数据来源于美国人口和房屋调查。

在对旅游风景区的研究中，1971 年，Burt 和 Brewer 利用需求函数方程，通过对个体进行观察所得到的数据，来估计景点价值的变化。此后，许多学者，如 Hausman（1981）、McConnell（1985）、Kling（1988a）等考虑的因素要复杂许多，但仍然是利用效用函数、间接效用函数这些计量经济学方法，对舒适性景点价值、景点质量变化等进行估计。

国内学者关于旅游资源价值的研究，以定性分析为主，以卢云亭（1988）的"三、三、六"体系（即历史文化、艺术观赏、科学考察三大价值，经济、社会、环境三大效益和六大条件）和黄辉实（1990）的"六、七"体系（即旅游资源的美、古、名、特、奇、用六个标准和资源环境的七个标准）为代表。许多学者针对中国各地具体的旅游区或景点进行了旅游资源的价值分析，根据当地的实际情况提出旅游资源开发、保护的思路和方法，如林越英（1999）、黎洁（2002）、邓清南（2003）等。2000 年以后，有些学者开始引用国外类似 D. W. Pearce 等人的观点，对中国旅游资源价值进行了理论分析，如刘坤和杨东（2001）。还有一些学者按旅游资源类型对旅游资源价值进行分析，如张胜和毛显强（2003）、梁学成和郝索（2004）、李东红和杨利美（2004）等。

二　旅游资源与开发系统的结构

2002 年，甘筱青提出了一个旅游资源与开发系统的结构，认为"旅游资源与开发系统由旅游资源、旅游区服务业、旅游交通业和旅游客源市场四部分组成，其中旅游资源作为客体、旅游区服务业和旅游交通业作为中介体、旅游客源市场作为主体，它们之间相互联系、相互作用，又相互区别"（见图 2 - 1），并阐明了"旅游"、"旅游资源"和"旅游资源开发"等基本概念，分析了它们之间的相互联系。

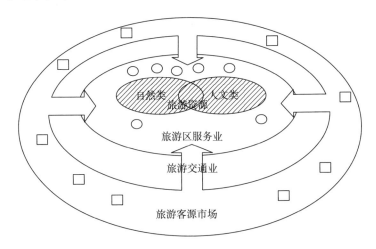

图 2 - 1　甘筱青旅游资源与开发系统的结构

　　甘筱青特别指出："'开发'一词，一般是指人们对资源及其相关方面进行综合开发的过程；而对于旅游而言，应是指在一定国土范围内，为吸引和接待旅游者而进行的旅游设施建设和旅游环境培育等综合性的社会和技术经济活动。但不少人往往把'旅游资源开发'片面误解为是对现存的自然景观（名胜）和人文景观（古迹）本体的'开发'，以致造成这些景观的破坏和流失。"他认为，"开发"本质上应是对相关事物价值的挖掘及对其所带来的经济效益的关注，并且开发的过程也是管理的过程。

　　自然景观旅游资源之间存在差异，来自于人类活动所涉及的不同地球圈层和自然地理要素的不同地域组合与分异，来自于地球上不同的地质构造和地质作用，还来自于地球水体不同的水文特征和地球生物的多样性；人文景观旅游资源之间存在差异，来自于人类发展中不同阶段形成的不同的文化特征，来自于从不同的角度展示的特定条件下的生产力水平和社会风情，还来自于珍贵的历史遗存。人类在社会经济的发展过程中，发现并享用这些差异，同时认识到这些差异产生的经济作用，从而在利用旅游资源的基础上对旅游资源进行开发，反过来这又推动了人类社会经济的进步与发展。

对于旅游资源开发，我们认为它是指整理和挖掘出自然类、人文类旅游吸引物，以及提高服务质量、改善交通条件、创新营销方式的劳动。但是，这种开发也要针对旅游客源市场，离开了旅游者需求的开发项目和进程，其必然成为无源之水，失去应有的活力。一方面，大众旅游的兴起，是旅游资源开发的基础和原动力，只有一定数量的旅游者才能推动旅游资源开发的进程；另一方面，良好的旅游设施、旅游交通和旅游服务，是旅游者获得更多旅游享受的前提。因此，旅游资源、旅游区服务业、旅游交通业和旅游客源市场是一个完整的有机体，它们相互依赖、相互制约、相互作用。

三　旅游资源价值构成

旅游资源价值的确定具有复杂性，因为旅游资源与开发系统是一个复杂系统，它不仅包括旅游吸引物、服务业与交通业的硬件设施这些静止的组元，还包括所有者、经营者和旅游者等具有智能的组元。这些组元联系紧密、相互影响产生自组织作用，形成系统多层次、多功能的结构。

旅游资源价值确定的复杂性表现在以下方面：第一，人们由于认识水平和审美观的不同，可以从不同的角度来评估旅游资源价值；第二，对于同一旅游资源，在不同的时间其价值变化可以很大；第三，对于旅游资源的吸引力大小及其所表现出来的价值量，难以用数字来定量和计算，并且不满足简单可加性；第四，旅游资源价值与特定时间段的主体预期有关；第五，旅游资源价值的确定与产权有关，因为产权是使资源的配置和使用结果可预测的制度安排，产权制度的变化，导致人们对资源配置的成本预期的变化。

旅游资源与开发系统的四个组成部分——旅游资源、旅游区服务业、旅游交通业、旅游客源市场在不同时期的相互关系、相互作用不同，导致主客体之间的关系发生很大的变化。而旅游活动与一般的商品交换活动是不同的，旅游活动强调活动过程，强调旅游者的旅游体验，不同需求层次、生活环境的旅游者在不同结构的旅游资源与开发系统中的旅游体验是不相同的。另外，作为经济活动的旅游资源的活性离不开有效开发和利用。所以，我们有理由认为旅游资源价值由"构序价值"、"体验价值"和"劳动价值转移"构成。

由于旅游资源（自然景观与人文景观）的差异性，旅游吸引力这个系统生命力才得以保持。旅游吸引物能把旅游者吸引到它身边，除了应归功于旅游吸引物自身结构独特、其结构与旅游者所习惯的系统结构不同外，还应归功于围绕着它而发展起来的旅游区服务业和旅游交通业。旅游资源结构越独特，其构序价值就越高。

旅游资源对旅游客源地居民的吸引力大，但对旅游资源地居民的吸引力很小。旅游吸引力随着旅游客源地与旅游资源地的"距离"增加而扩大，这里的距离不只是物理距离和心理距离，是一种"综合距离"。吸引力的大小决定着人们所习惯旅游资源的体验价值。

如果没有旅游交通业和旅游区服务业的发展，旅游资源的吸引力再大，大量的旅游活动也难以成行，而且，旅游资源的利用和开发是紧密结合在一起的，所以，旅游资源价值还包括旅游资源开发过程中旅游从业人员劳动价值的转移。

在我们论述的旅游资源价值中，主体不是单个的旅游消费者，客体也不是单个的旅游商品，它们都是具有某些特定关系的集合或组合。旅游主客体关系如图2-2所示。如果不能刻画这些特定关系，旅游资源价值也就无从谈起。

图2-2　旅游主客体关系

我们认为，旅游资源价值不但与旅游资源与开发系统结构有关，还与时间有很大的关系。旅游资源价值，一定是指某一时刻或某一时期的价值。

我们认为，旅游资源价值构成可以由图2-3表示，它是一种树型结构。

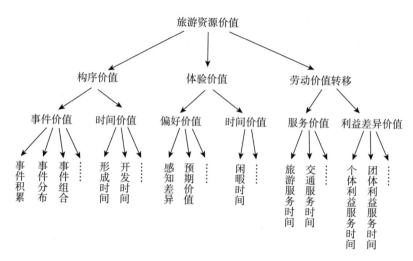

图 2 - 3   旅游资源价值构成

四   旅游资源价值在三大关系中的表现

所谓"三大关系",是指人们在旅游过程中涉及的三个方面:物与物之间关系、人与物之间关系和人与人之间关系。在讨论旅游资源价值时,我们通过反映"物与物之间关系"、反映"人与物之间关系"、反映"人与人之间关系"三个方面来论述旅游资源价值的表现(甘筱青、谌贻庆,2003)。

在物与物方面,论述"构序价值"新概念的内涵组成,指出旅游资源在系统中的空间序和时间序对价值的影响,并论述了事件的价值、时间的价值及表现形式;在人与物方面,提出了"体验价值"的概念及内涵,指出旅游资源价值很大一部分表现为人在旅游资源体验过程中的差异,并通过旅游者的效用分析来描述旅游资源价值在这方面的表现;在人与人方面,论述了"劳动价值的转移"的作用及其与利益稀缺的表现形式,指出产权在旅游资源价值管理方面的作用和可能产生的副作用,并论述了产权管理在旅游资源与开发系统中的重要性。

在旅游资源与开发系统结构(见图 2 - 1)的基础上,我们(甘筱青、谌贻庆,2003)整理出了三条主线,进一步明确阐述体现在人与人、人与物、物与物之间的关系这三个方面的旅游资源价值（见图2－4）。

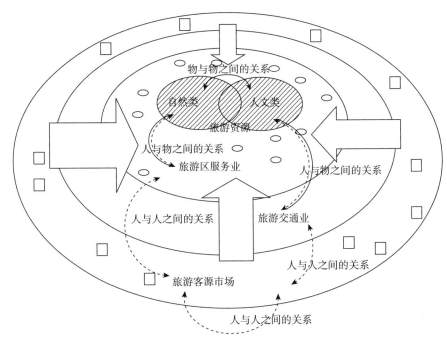

图2－4 旅游资源价值的关系体现

在图2－4中，实线的双箭头表示物与物之间的关系，虚线的双箭头表示人与人之间的关系，一实一虚的双箭头表示人与物之间的关系。

实线的双箭头只有一条，用来说明旅游资源价值关系中最基础的部分。没有旅游资源（这里主要指旅游吸引物），旅游活动就无从谈起，但是，即使旅游资源存在，若不对物与物之间的关系进行有效又合理的配置，旅游资源的内在价值就不会体现。同样，过度开发旅游资源，其内在价值就会丧失。

一实一虚的双箭头有两条，即从事旅游区服务业的人与旅游资源的关系、从事旅游交通业的人与旅游资源的关系。这两种人与物之间的关系处理好了，旅游资源的价值就会增值，增值的大小与这两种人与物之间的关系的处理程度呈正相关。当然，也存在旅游客源市场的旅游者与旅游资源的关系，但是，相对于旅游者之间的关系对旅游资源的价值贡献来说，这种人与物之间的关系贡献小，可以略去。

虚线的双箭头有三条，分别代表从事旅游区服务业的人与旅游客源市场的旅游者之间、从事旅游交通业的人与旅游客源市场的旅游者之间、旅游客源市场的旅游者与旅游者之间的关系。这三种人与人之间的关系对旅游资源的价值贡献是很大的。同样，从事旅游区服务业的人之间、从事旅游交通业的人之间的关系，由于对旅游资源的价值贡献太小，也可以暂且不加考虑。重要的是，这三种人与人之间的关系是不相同的。前两者关系中的人是可以直接被组织的，如果将其看成一个子系统的话，这是一个有序的系统，通过"他组织"可以进行有效的管理，因而旅游价值可以增值。第三种旅游客源市场的旅游者与旅游者之间的关系是不可以直接被组织的，他们的结构与社会演化有关，是一个无序的子系统，可以用"自组织"的理论来进行分析，通过研究不同人群的结构和演化轨迹，来计算其对旅游资源价值的贡献。例如，在旅游吸引物的周围，如果人们的收入水平都较高，则该旅游资源的价值增值就会很大。

人类的生存和发展离不开地球，地球上各种物质之间的相互作用和相互关系使人类在这个地球上得以生存和发展。人类自诞生以来，不断地组合各种生产资料和要素，改变或维护各种秩序，以满足人类自身的生存和发展。随着科学、技术的进步，人类可以修路、筑坝、采矿、发电、制造飞船、探测太空等。从本质上来说，这一切都是人类围绕着自身的需要改变着物与物之间的某种关系。人们开发旅游资源，不断地增设景点、组合旅游线路、改善交通，也是在改善着物与物之间的关系，这些物与物之间的关系的不断改善，就使得旅游资源的价值不断发生变化。在商品社会条件下，由于人们认为劳动决定了价值，或者认为效用是价值的来源，许多没有附着劳动就可以满足人们某种需要的物质往往被认为是无价值或是低价值的。因此，人们曾经在自觉和不自觉中把它们当成了价值创造中被动的可以任人宰割的对象，滥施开发和掠夺，并不以为物与物之间的关系和价值有关。直到某种物与物之间的关系被改变后变得威胁人类生存和发展，或者这种物与物之间的关系最后被证实能满足人类的效用时，人们才认识到这种物与物之间的关系所体现的价值的重要性。例如，湖南张家界在旅游开发过程中，曾一度滥建食宿、购娱设施，致使环境污染、结构混乱，所呈现的旅游资源价值降低，被世界遗产委员会提出黄牌警告，后来其不得不大规模拆除多余建筑，浪费巨大。

在人类的生存和发展过程中，人与物之间始终存在着依赖、占有、使用等各种关系。这些关系给人的生存和发展带来了各种影响。为了满足这种需要，个体会产生获取所需物品的行为。一方面，为了获得所需物品，人们直接或间接地付出了某种劳动，另一方面，人们获得某物品得到了某种物质的满足，物品产生了效用。正如我们前面论述的那样，旅游资源是能对旅游者产生吸引力的物，人们对它的需求呈现不同的特点。首先，旅游吸引力来自于旅游资源自身的结构差异性（如景点组合），也来自于旅游者的总体的结构特性，包括旅游者的收入水平、性格特点、可支配的闲暇时间等；其次，对同一旅游者，吸引力的大小随着时间（以在同一旅游地旅游次数计算）的增加而减少。因此，旅游资源的价值，应该体现在旅游资源和旅游相关者的关系上。

在这些劳动过程中，系统各组成部分会产生各种冲突。在旅游资源与开发这个系统中，许多冲突会表现在人与人的关系上，例如，开发者在追求利益和旅游者在追求效用时会产生冲突，不同特点的旅游者群体之间会产生冲突，当地人与旅游者之间也会产生冲突。为了避免冲突，规则和制度就产生了。规则和制度加深了人与人之间的各种关系，逐步形成了各种习惯、各种风俗、各种文化、各种宗教、各种政治。在旅游资源与开发系统中，上述冲突并不是不可调和的，问题是如果没有明晰的规则，产权也不是非常清楚，人们就会在开发上各自为政，会造成系统混乱和对资源的破坏。所以，旅游资源的价值，也应体现在各种不同的旅游相关人员之间的关系上。

参考文献

〔英〕哈耶克：《致命的自负——社会主义的谬误》，冯克利等译，中国社会科学出版社，2000。

〔美〕凡勃伦：《有闲阶级论》，蔡受百译，商务印书馆，1964。

〔古希腊〕色诺芬:《经济论——雅典的收入》,张伯健、陆大年译,商务印书馆,1961。

晏智杰:《经济学价值理论新解》,《北京大学学报》2002年第6期。

〔美〕A. 迈里克·弗里曼:《环境与资源价值评估——理论与方法》,曾贤刚译,中国人民大学出版社,2002。

刘文、王炎庠、张敦富:《资源价格》,商务印书馆,1996。

李慧明:《环境资源价值探讨》,《河北学刊》2001年第7期。

谢钰敏、魏晓平、付兴方:《资源经济自然资源价值的深入研究》,《地质技术经济管理》2001年第2期。

卢云亭:《现代旅游地理学》,江苏人民出版社,1988。

黄辉实:《资源、评价、开发》,载《中国旅游年鉴》,1990。

林越英:《旅游环境保护概论》,旅游教育出版社,1999。

黎洁:《我国自然保护区生态旅游资源价值实现方式研究》,《农村生态环境》2002年第3期。

邓清南:《四川旅游资源价值、条件与潜力分析》,《内江师范学院学报》2003年第2期。

刘坤、杨东:《旅游资源的经济价值评价》,《曲阜师范大学学报》2001年第3期。

张胜、毛显强:《提升人文旅游资源价值的环境经济政策分析——以世界文化遗产平遥古城为例》,《中国人口、资源与环境》2003年第5期。

梁学成、郝索:《对旅游复合资源系统建立的价值分析》,《旅游学刊》2004年第1期。

李东红、杨利美:《文化资源的价值评估、成本核算与经济补偿》,《思想战线》2004年第3期。

甘筱青:《旅游资源与开发的系统结构》,《南昌大学学报》(人文社科版)2002年第1期。

甘筱青、谌贻庆:《旅游资源价值及其在三大关系中的体现》,《科学技术与工程》2003年第6期。

谌贻庆、甘筱青:《从系统结构分析旅游资源价值》,载《泛太平洋管理学会第20届国际年会(上海)论文集》,2003年7月。

J. V. Krutilla, "Conservative Reconsidered", *American Economics Review* (4) 1967.

J. V. Krutilla and Fisher A. , *The Economics of Natural Environments*, John Hopkins University Press for Resource for the Future, 1967.

Cichetti C. J. and Freeman A. M. Ⅲ, "Option Demand and Consumer Surplus: Further Comment", *Quarterly Journal of Economics* (85) 1971.

Arrow W. K. J. and Fisher A. , "Environmental Preservation: Uncertainty and Reversibility", *Quarterly Journal of Economics* (88) 1974.

Fisher A. and Reucher R. , "Intrinsic Benefits of Improved Water Quality: Conceptual and Empirical Perspectives", in Smith V. K. and Wkite D. , eds. , *Advance in Applied Macroeconomics*, Greenwich, Conn: JAI Press, 1984.

Brookshire D. V. et al. , "Existence Values and Normative Economic: Implications for Valuing Water Resources", *Water Resource Research* (12) 1986.

D. W. Pearce and Moran D. , *The Economic Value of Biodiversity*, IUCN, 1994.

Clawson, Marion, *Methods of Measuring the Demand for and Value of Outdoor Recreation*, RFF Reprint No. 10, Washington, D. C. : *Resources for the Future*, 1959.

Ridker, Ronald G. and John A. Henning, "The Determinants of Residential Property Values with Special Reference to Air Pollution", *Review of Economics and Statistics* (1) 1967.

Burt, Oscar R. and Durward Brewer, "Estimation of Net Social Benefits from Outdoor Recreation", *Econometrics* (5) 1971.

Hausman, Jerry A. , "Exact Consumer's Surplus and Dead Weight Loss", *American Economic Review* (4) 1981.

McConnell, Kenneth E. , "The Economics of Outdoor Recreation", in Allen V. Kneese and James L. Sweeney, eds. , *Handbook of Natural Resource and Energy Economics*, Vol. 1, Amsterdam, The Netherlands: North-Holland, 1985.

Kling, Catherine L. , "Comparing Welfare Estimates of Environmental Quality Changes from Recreation Demand Models", *Journal of Environmental Economics and Management* (3) 1988a.

Kling, Catherine L. , "The Reliability of Estimates of Environmental Benefits from Recreation Demand Models", *American Journal of Agricultural Economics* (4) 1988b.

第三章　旅游资源结构与构序价值

　　正如我们在第二章论述旅游资源与开发系统结构时指出的那样，大自然是生命的摇篮，维系着人类社会的生存，维持着人类文明的发展，为人类的物质和精神生活提供必不可少的资源和环境条件。大自然提供了许多服务：自然生产，改善土壤条件，调节水循环和减缓旱涝灾害，维持生物多样性，调节气象过程、气候变化和地球化学物质循环，净化环境，维护改善人的身心健康和激发人的精神文化追求，等等。游牧时代人类靠采集自然生态系统中的植物果实和猎杀动物为生；农耕时代人类靠垦殖从自然生态系统中获取粮食而生活；工业时代人类对自然生态系统各类资源的依赖有增无减。

　　旅游活动，特别是大众旅游活动，是人类在物质生活水平有了很大提高后的精神需求，其过程与自然生态系统密切相关。在人类通过其技术进步取代了自身许多劳动并创造了无数合成物质后，人们需要这种旅游活动来调节自我。可调节自我的活动有许多，但旅游活动与众不同，人们必须离开家门，它给人们带来的不仅是身体健康，更多的是精神上的愉悦。

　　旅游资源与通常的商品不同，它不能被一个人独占，也与网络产品不同，它基本上不可复制、不可移动，即便是人造景观，一旦形成，也不能移动。旅游活动是许多旅游吸引物和许多人同时异地交换的过程，不可能是单一个体与单一商品的交换。这就决定了吸引物之间组合关系的不同会给不同人群带来不一样的"价值"。

一 旅游资源与开发系统研究进展

旅游作为一项活动，涉及并影响自然、社会、经济、文化等各个领域，系统思维和系统方法在旅游研究中将得到越来越多的重视和应用。贝塔朗菲曾指出：系统概念在现代科学、社会和生活中已经获得了中心地位，人们在其努力的许多领域强调系统方法和系统思维的重要性。对于整体和系统来说，我们需要的不仅仅是理解其元素，还需要理解它们之间的相互关系（欧文·拉兹洛，1998）。

1972 年，美国学者 C. A. Gunn 首次应用系统概念对旅游区进行了研究，提出了"旅游区是由旅游者、吸引物、服务和设施、交通、信息和引导五个部分组成的封闭系统"。Gunn（1994）还论证了旅游供给与需求是如何相互作用以促进区域旅游发展的，认为系统中任何构成要素的变动，都将对其他要素产生影响。

苏联地理学家普列奥布拉曾斯基于 1975 年首次用区域游憩系统的概念来描述旅游空间结构，认为区域游憩系统是由自然与文化综合体、工程建筑、服务人员、管理机构、休假人员五个部分组成的社会地理系统。

澳大利亚学者 Neil Leiper（1979）采用系统概念对旅游区目标现象进行研究，构建了一个旅游的系统概念模型。Leiper 认为，旅游是由旅游者不以谋利为目的的旅行和在目的地的暂时停留活动所形成的系统，该系统是由旅游者、旅游客源地、旅游交通线路、旅游目的地和旅游业五个具有空间和功能联系的要素组成的一个开放系统，与旅游相互作用的自然、文化、社会、经济、政治和技术等组成该系统的外部环境（见图 3 - 1）。客源地、交通线路和目的地是该系统的三个地理空间组成要素，旅游者和旅游业是该系统的功能组成要素。五个要素通过空间和功能方面的相互作用联结为统一整体。Leiper（1990）还对旅游吸引系统进行了研究，他提出一个旅游吸引模型，认为旅游者、有吸引力的目的地和旅游相关信息三者的联系与共同作用，形成一个"吸引"系统。

意大利的 A. Sessa（1988）在研究系统科学与旅游发展的关系时提出了

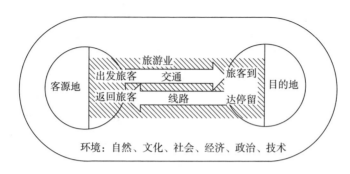

图 3 - 1　Leiper 旅游系统概念模型

区域旅游系统（tourist region system）概念，认为该系统是区域社会经济系统的子系统，同社会经济系统一样是个概念系统。他阐述了区域旅游系统与区域社会经济系统其他子系统的关系，区域社会经济系统的其他子系统主要包括科学系统、政策系统、文化系统、教育系统、经济系统、个人社会系统（individual people socio-familiar system）、生态系统、人口系统和技术系统等。Sessa 在文章中没有对区域旅游系统自身的结构进行分析，只是指出对区域旅游系统结构和演化机制的研究是重点和难点所在。

美国学者 R. C. Mill 和 A. M. Morrison（1992）在合著的 *Tourism System：an Introductory Text* 一书中提出，旅游系统是由市场、旅行、目的地和营销四个部分相互作用组成的系统。他们在书中从经济学的角度，应用经济学概念和方法解释旅游现象，认为营销将目的地推向市场，而出游则使游客（市场）抵达目的地，需求和供给是将旅游系统各个组成部分联结在一起的纽带。

1997 年，杨振之、彭华以系统的观点分别对旅游资源、旅游业进行了研究。杨振之认为"旅游资源包括客源市场（旅游者是其主体）、旅游地资源、旅游服务及旅游服务设施三大主要因素。这三大要素之间相互吸引，相互影响，相互制约，互为因果，其中一个要素的变动，必然引起其余两个要素的相应变动。三大要素共同组成一个旅游资源系统。所以，旅游资源就是这三大要素相互间吸引关系的总和。三大要素相互吸引，同步协调，构成一个完整的自成系统的旅游资源体"。

彭华提出，旅游产业是一个开放性、复合型的复杂巨系统，由直接系统（旅游者、旅游产品和旅游媒体）、介入系统（通过直接系统介入旅游的社会服务系统）和支持系统（支持旅游发展的行业或部门）三大子系统构成。

吴必虎（1998）提出了"游憩系统"的概念。吴必虎认为"可以将游憩活动（旅游活动）视为一个开放的复杂系统，对该系统的特征的把握及其在旅游开发、规划、经营、管理中的应用，就是旅游科学的核心任务"。根据多年来对旅游业和相关现象的观察和分析，吴必虎指出旅游系统构架应包括四个部分，即客源市场系统、出行系统、目的地系统和支持系统（见图 3 - 2）。

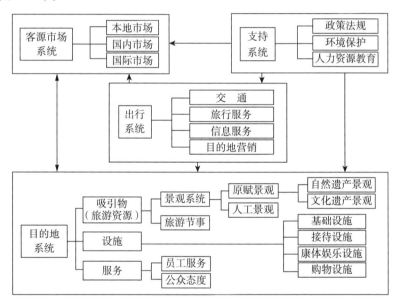

图 3 - 2　吴必虎游憩系统模型

1998 年，C. Kaspar 构建了一个旅游系统，该系统是由旅游主体子系统和旅游客体子系统组成，旅游客体子系统又由旅游目的地、旅游企业或公司和旅游组织三部分组成。该系统的外部环境由与旅游系统相互作用的经济、社会、技术、政治和生态环境组成（见图 3 - 3）。

2002 年，甘筱青提出了一个旅游资源与开发系统，认为"旅游资源与开发系统由旅游资源、旅游区服务业、旅游交通业和旅游客源市场四部分组成"（见第二章的图 2 - 1）。

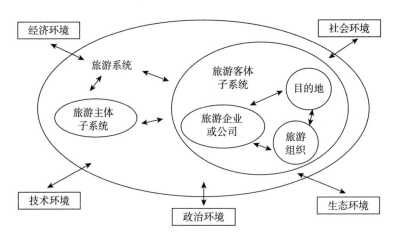

图 3 - 3　**Kaspar 旅游系统模型**

二　旅游资源与开发系统结构分析

从以上用系统概念对旅游现象的研究中发现，由于研究的角度、内容和深度各有不同，学者对有关系统结构的分析也没有达成共识。但是，有关系统结构的分析给我们研究旅游资源价值带来益处。下面我们对甘筱青的旅游资源与开发系统结构进行一些分析。

（一）旅游资源

旅游资源在旅游资源与开发系统中是一个核心概念。由于旅游业的迅猛发展，关于旅游资源概念的表述多种多样，在从不同角度对旅游资源下的定义中，下面几种说法颇具代表性和影响力。

邓观利（1983）认为"凡是足以构成吸引旅游者的自然和社会因素，亦即旅游者的旅游对象或目的物都是旅游资源"。

郭来喜（1985）认为"凡是能为人们提供旅游观赏、知识乐趣、度假休闲、娱乐休息、探险猎奇、考察研究以及人民友好往来和消磨闲暇时间的客体和劳务，都可称为旅游资源"。

黄辉实（1985）提出"旅游资源就是吸引人们前往游览、娱乐的各种事物的原材料。这些原材料可以是物质的，也可以是非物质的。它们本身不是游览的目的物和吸引物，必须经过开发才能成为有吸引力的事物"。

保继刚于 1993 年认为"旅游资源是指对旅游者具有吸引力的自然存在和历史文化遗产，以及直接用于旅游目的的人工创造物"。

张凌云于 1999 年在《市场评价：旅游资源新的价值观——兼论旅游资源研究的几个理论问题》中列举了 16 种有关旅游资源的定义。他在讨论中引入了旅游吸引物（T_A）、旅游资源（T_R）和旅游产品（T_P）三个相关概念，总结了他人的三类观点。第一类观点认为旅游资源等于旅游吸引物，即 $T_R = T_A$；第二类观点认为旅游资源是旅游吸引物和旅游产品的交集，既要吸引旅游者又要为旅游业所利用，并成为旅游产品而形成效益，即 $T_R = T_A \cap T_P$；第三类观点认为旅游资源是旅游吸引物和旅游产品的并集，即 $T_R = T_A \cup T_P$。

国家标准化管理委员会发布的《旅游资源分类、调查与评价》（2003）对旅游资源做出的定义是："自然界和人类社会凡能对旅游者产生吸引力，可以为旅游业开发利用，并可产生经济效益、社会效益、环境效益的各种事物和因素。"

在以上诸多定义中，首先，它们都强调了"旅游吸引力"，因为它是旅游资源使用价值和基础性的主要体现，是判别某种资源是否属于旅游资源的重要依据。英文刊物中常常将"旅游吸引物"作为旅游资源的代名词，足以说明吸引力对旅游资源的重要性。旅游资源具有激发旅游者动机的吸引性，吸引性是旅游资源的最大特点，游客之所以不辞辛苦、乐此不疲地去旅游，就是因为旅游地有吸引他的对象。在现代旅游活动中，作为客体的旅游资源与主体（旅游者）的关系密不可分。其次，这些定义也指出了旅游资源被开发利用的现实性和可能性，并由此产生经济效益。正是这种现实性和可能性，使得旅游资源的开发能带来一定的效益。

所以，旅游资源可以是物质的，也可以是精神的；可以是自然的，也可以是人造的；可以是已开发的，也可以是尚未开发的。例如风景、设施属于物质的，而旅游服务、习俗礼仪则是精神的；自然风光是天然的，而博物馆、风景园林则是人工创造的。

旅游资源大体可以分为两大类，即自然景观和人文景观，也有一些属于这两类的交集，如图 2 - 4 中阴影部分所示。自然景观一般包括地质、地貌、水体、气象气候与天象、动植物等子类型；人文景观一般包括历史古迹、园林、宗教文化、城镇、社会风情、文学艺术等子类型。按照国家标准《旅游资源分类、调查与评价》（2003），旅游资源被划分为 8 个主类型，31 个亚类型，155 个基本类型。旅游资源是旅游资源与开发系统中的核心子系统。

旅游资源具有如下显著特点。第一，独特性。自然界的景色丰富多彩，人类社会的进程错综复杂，而在自然与社会交织的地球上，有许多具有吸引力的独特事物。自然资源如名山、大川、奇洞、怪石、温泉、瀑布、珍稀生物等，人文资源如文化遗产、历史名城、古典园林、帝王陵墓等，所有这些都对旅游者产生巨大的吸引力。第二，地域性。旅游资源都具有一定的地域范围，受特定区域地理环境、社会环境等各方面因素的制约，带有强烈的地方色彩，自然旅游资源是由于当地的气候、地貌、人文、动植物相互制约、相互作用而形成的，而人文旅游资源是由于当地历史、文化传统的交汇而形成的。一般来说，旅游资源是不能进行空间移动的（旅游服务、特产和人造景观除外），其地域差异性正是促进旅游者移动的一个重要原因，因此，保持地方特色、突出区域色彩是旅游资源开发中的重要问题。第三，永续性。通常，旅游者支付一定金钱购买到的是一种经历、感受，而不是旅游资源本身，只要加强旅游资源的保护和管理，旅游资源是可以被长期重复使用的。但是，旅游资源使用不当，会造成对原来旅游资源的破坏。第四，社会性。旅游资源使旅游者在旅游过程中通过游览、考察、参观，陶冶情操，开阔眼界，赏心悦目，获取知识，获得美好享受和精神乐趣。由于社会的发展，旅游资源的开发利用具有明显的社会性和时代感。

（二）旅游区服务业

旅游资源与开发系统中第二个重要概念是旅游区服务业。旅游区服务业是指围绕着旅游地资源而发展的食、宿、导游、娱乐等服务媒介，也包括一部分旅游区内为方便"行"所配套的设施，例如缆车、船筏、循环游览车，还包括旅游相关信息与指导，这些都是以一定的旅游资源为核心，为旅游区内活动的开展创造有利条件，并向旅游者提供所需商品及劳务的服务业。在第二章的图 2－1 中，由里及外的第二圈表示旅游区服务业，其中若干圆圈表示不同的服务点。

　　这里，旅游区服务业子系统与旅游资源子系统是分开的，与 Leiper（1990）、吴必虎（1998）、保继刚和楚义芳（1999）等的划分不同。Leiper系统中旅游业与旅游目的地等子系统是交织在一起的，他对旅游目的地的定义是"旅游者选择旅游访问并至少停留一夜的地方（Location）"；吴必虎的旅游目的地系统指"为已经到达出行终点的游客提供游览、娱乐、经历体验、食宿、购物、享受或某些特殊服务等旅游需求的多种因素的综合体，由吸引物、设施和服务三方面要素组成"，他把旅游资源与旅游区服务业一起包括在旅游目的地系统中；保继刚和楚义芳也把旅游资源与旅游区服务业划在目的地系统中，认为"一定地理空间上的旅游资源同旅游专用设施、旅游基础设施以及相关的其他条件有机结合起来，就成为旅游者停留和活动的目的地，即旅游地。旅游地是一种具有特殊功能的社区（Community），旅游业是这一社区的重要产业，旅游地有时又被称为旅游目的地或旅游胜地（Resort），在空间上可以分为旅游活动区和旅游接待区两个部分"。

　　虽然有时旅游区服务业与旅游吸引物互相渗透（例如对于会务、商务旅游者，旅游区服务业也是吸引因素之一），旅游区服务业也通过影响旅游地整体形象来增强或减弱旅游地以及旅游市场的总吸引力，但是我们不能把它笼统划入旅游资源，其理由就是它一般来说并不构成旅游吸引力。良好的旅游区服务业不是人们外出旅游的主要目的，对于探险猎奇性旅游者来说，其更不考虑这个因素。如果仅仅（或主要地）为了安全、舒适和便利，人们可以待在家里或本地来享受这些东西。如果主要从旅游动机出发，而不是从旅游活动中人们的需求出发，分析的结果自然是旅游区服务业不能直接作为旅游资源。把旅游资源与旅游区服务业分开，更有利于旅游资源价值分析。

（三） 旅游交通业

旅游资源与开发系统中第三个概念是旅游交通业。旅游交通业是指把旅游客源市场（旅游需求）与旅游资源所在地联通起来而发展的道路建设和交通运输业。这里包括通过水陆空等多种路径，借助轮船、汽车和飞机等多种方式，解决客流和物流的有效流通问题。在第二章的图 2 - 1 中，从旅游客源市场指向旅游区的四个单向箭头，表示旅游者从四面八方选择不同方式进入旅游区。

旅游交通业作为旅游资源开发的环境因素，与上述的旅游区服务业各自形成自身子系统，又组合构成旅游资源与开发系统的中介子系统。一般不应把它们作为"旅游资源"而混淆一处。一些现代大型交通工程设施，包括各种桥梁、隧道、运河、车站、港口和机场等，除了具有使用功能外，往往也作为游览的对象，同时它们被看作旅游的人文景观。

旅游交通业的一部分同整个社会交通系统交织在一起，完全嵌入整个社会交通系统，它连接着旅游目的地与旅游客源地，被称之为旅游"大交通"；另一部分是沟通旅游目的地各景区景点的内部的旅游"小交通"。"大交通"一般靠航空、铁路和公路开通，目前，普通公路时速为 50 ~ 80 公里，高速公路时速为 100 ~ 120 公里，普通铁路时速为 100 ~ 150 公里，高速铁路的时速为 200 ~ 300 公里，民用航空的时速为 600 ~ 800 公里。旅游时，距离 200 公里左右一般以公路为主。而对多数国内游客来说，1500 公里左右的火车旅行也是可以接受的。"小交通"主要靠旅游汽车解决，游船、缆车、人力车、畜力车、小火车等也是重要的客运和游览工具。

"大交通"中，民航客运业、铁路客运业和公路客运业等的发展会影响和改变旅游的规模和方向。例如，在重要旅游区（点）开辟中短距离的直升机航线，亦航亦游，费用虽高但效果很好；将专线航空与干线航空相组配，形成更加完善的航空网络，使近中距离的旅游，尤其是山区等公路交通不便地区的旅游更加便捷；在旅游客源地和旅游热点城市或景区之间，增开更多、更舒适安全的夕发朝至的列车或旅游专列，使旅客夜卧车上，既"行"又"住"，省时又省钱；高速公路的开通对旅游业特别是国内旅游的布局和方式产生了重大影响；国际游船尤其是海上巨型游轮，客房、餐厅、游泳池、健身房、阅览室、剧场、商店、银行等一应俱全，其成为"流动的水上宾馆"。由于"大交通"同整个社会交通系统交织在一起，其发展相对于旅游目的地和旅游客源地而言基本上是独立的。

"小交通"中，旅行社、景点、饭店、购物场所等合作，通过观光巴士、旅游汽车、游艇、人力船、帆船、竹筏、橡皮船、乌篷船、索道、马车、三轮车、滑竿等，解决由旅游地通往各旅游景区景点的主要交通问题。

（四）旅游客源市场

旅游资源与开发系统中还包括旅游客源市场。旅游者是使旅游资源价值得以体现的主体，而旅游资源（作为客体）的吸引力是相对于客源市场而存在的。广义上讲，所有人们群居之处都可以作为旅游客源市场，但旅游业的开发往往聚焦于经济较发达、人口相对众多的城镇和区域。在第二章的图 2-1 中，外圈表示旅游客源市场，其中若干矩形表示上述城镇和区域。

旅游客源市场是旅游资源与开发系统的重要子系统，只有对它的特征进行认真的调查研究，才能科学合理地预测未来的旅游市场变化，从而推出切实有效的营销战略和手段。旅游客源市场是指在一定时期内，某一地区中存在的对旅游产品具有支付能力的现实和潜在的购买者。

不能把旅游客源市场也作为旅游资源，认为旅游者对旅游地而言也具有吸引力有些牵强附会，它与旅游开发需注重对旅游客源市场的营销是两回事。我们不能把旅游资源概念外延无限制扩大而导致混乱。

构成旅游客源市场必须具备四个要素，即旅游者、旅游购买力、旅游购买欲望和旅游购买权。

对于旅游资源所有地来说，旅游市场规模大小主要取决于该市场上旅游者数量的多少，在其他情况相同时，一个国家或地区的总人口数量决定了旅游者的数量；旅游客源市场大小不仅取决于人口数量，还取决于旅游购买力，即人们在其可随意支配收入中用于购买旅游产品的能力，旅游购买力通常是由人们的收入水平决定的；除此之外，若没有旅游购买欲望，即使有旅游购买力，也不可能形成现实的旅游市场，旅游购买欲望，反映旅游者购买旅游产品的主观愿望和需求，是把旅游者旅游购买力变成现实的重要条件；旅游购买权是指旅游者可以购买某种旅游产品的权利，尤其对国际旅游市场而言，由于旅游目的国或旅游客源国的一些政策限制，即使人们有旅游购买力和旅游购买欲望，也会由于旅游购买权受阻而无法形成国际旅游市场。

旅游客源市场有如下特点。第一，异地性。旅游客源市场通常远离旅游目的地，旅游产品的购买者主要是非当地居民，旅游活动的特点决定了旅游客源市场与旅游目的地必须在空间上分开，一般来说，旅游活动是通过旅游者由客源地向目的地的移动，而不是通过旅游产品的移动实现的。第二，多样性。旅游者的需求是多种多样的，从而形成旅游客源市场的多样性。这主要表现为不同国家、地区的自然风光和人文景观的不同，必然形成不同的旅游产品，从而使旅游者从中获得的经历与感受也不同。第三，季节性。由于旅游目的地国家或地区自然条件、气候条件的差异，旅游者闲暇时间分布的不同，旅游活动具有突出的季节性特点。第四，波动性。由于旅游是人们的一种高层次需求，任何一个因素的变化，如工资、物价、汇率、国际局势、重大事件、节假日、旅游者心态等的变化，都会引起游客构成、旅游流向、旅游价格以及旅游者人数的变化。

如果从旅游的供给与需求的角度分析，供给方由旅游资源（具有吸引力的自然、人文客体）、旅游区服务业和旅游交通业等构成，需求方由有出游兴趣和相应经济能力的旅游者，以及旅游客源市场促销的推动等构成。它们相互作用促进区域旅游的发展。

（五）系统的外部环境

Leiper将影响旅游活动的自然、文化、社会、经济、政治和技术等因素作为旅游系统的外部环境（见图3-1）。

吴必虎将由政策法规、环境保护和人力资源教育等因素组成的支持系统作为由客源市场系统、出行系统、目的地系统组成的内部系统的外部环境（见图3-2）。

Kaspar 把与旅游系统相互作用的经济、社会、技术、政治和生态环境作为旅游系统的外部环境（见图 3-3）。

甘筱青认为，如果把"旅游资源与开发系统"嵌入更大的系统框架去分析，它至少还受到其他两个子系统的影响，它们是：①宏观控制系统，包含国家政策、法律法规、生态保护等因素；②社会支持系统，包括思维观念、生活水平、基础设施等因素。"旅游资源与开发系统"还与生态系统、人口系统、科教系统、经济系统和文化系统等关联着，相互作用，并且不断变化和演进。这些系统都从属于"社会进步与经济发展"复合巨系统。

这些观点基本与 A. Sessa 的观点类似。

（六）旅游流

旅游（或称旅游活动）是一个过程，它贯穿于主体、中介体和客体之间，表现为客流（旅游者出行路线及安排）、信息流（旅游目的地信息、旅游服务信息、旅游交通信息、客源地信息和外部环境信息等的流动）与物流（物质的供应与流通）。我们把旅游资源与开发系统中的客流、信息流和物流统称为"旅游流"。

客流是旅游流的主体和核心（唐顺铁、郭来喜，1998）。客流是旅游者在空间上的流动，是旅游经济活动中的重要方面。物流是旅游经济中的"隐性"流，完成一次旅游供给要开发优质的旅游资源，要投入大量的旅游设施，要消耗大量的食品和能源，要生产有特色的旅游购物商品，等等，它也在旅游经济中起到了非常大的作用（杨萍，2010）。旅客的流向影响着各种物质在区域内的流动路径。

测度旅游流移动方向和规模的两个量是旅游流的流向和流量。流向是指某旅游客源地旅游者根据其旅游动机、经济能力及闲暇时间等所选择的旅游目的地；流量是指一定时间内某一旅游目的地接待某一旅游客源地的旅游者的数量，一般统计资料中也称其为一定时间内某一旅游目的地接待旅游者的数量。

设一定时间内来某个旅游目的地旅游的游客总人数为 Q，同一时间内某个旅游客源地来该目的地旅游的旅游人数为 N，N 可通过客源地来该目的地

旅游的到访率 α 与该客源地人口总数 P 的乘积得到，即 $N = \alpha P$，而 α（即这一时间内客源地来该目的地旅游的人数与客源地总人口数之比）可通过抽样调查求得。

我们称 $I = N/Q$ 为客源地对该目的地的"旅游流率"。给定任意常数 c，$1 > c > 0$，可以计算出 $I \geq c$ 的客源地，因而可计算出连接客源地与该目的地的交通网络和服务内容及方式，最后，可以得出与 c 相关的旅游资源与开发的系统边界。

设系统在初始 0 状态的概率向量为：

$$P(0) = \{P_1(0), P_2(0), \cdots, P_m(0)\}$$

系统在 T 时刻处于各状态的概率向量为：

$$P(n) = \{P_1(n), P_2(n), \cdots, P_m(n)\}$$

系统各状态进一步转移的全体组成转移概率矩阵为：

$$P = [p_{ij}] = \begin{bmatrix} p_{11} & p_{12} & \cdots & p_{1m} \\ p_{21} & p_{22} & \cdots & p_{2m} \\ \vdots & \vdots & \vdots & \vdots \\ p_{m1} & p_{m2} & \cdots & p_{mm} \end{bmatrix}$$

式中 p_{ij} 表示旅游流从一个地区 j 转向地区 i 的概率，满足：

$$\sum p_{ij} = 1, \quad 1 \geq p_{ij} \geq 0$$

则系统在任何时态的状态概率，都可以由它的初始状态概率向量 $P(0)$ 和转移概率矩阵 $P = [p_{ij}]$ 来确定：$P(n) = P(0)P^n$，即系统从初始状态出发，经过 n 步转移之后各状态的概率向量。

三 旅游资源构序价值

生态系统是一个复杂的系统，社会经济系统也是一个复杂的系统，而"旅游资源及开发系统"既属于生态系统，又属于社会经济系统。因此当我们讨论旅游资源的价值与旅游资源开发时，也要以系统的观点来研究。

整体与部分是系统科学的一对重要范畴，系统科学着眼于考察系统的整体性。若干组分按照某种方式整合成为一个系统，就会产生整体具有而部分或部分总和所没有的东西，如整体的形态、特性、行为、功能、困难、机遇，以及整体地解决问题的途径等。

任何系统，只要其组分之间存在相互作用，就有其空间结构，它分为有序和无序两大类。有组织的系统属于有序结构的系统。旅游资源所在的系统中，某些结构可能是无序的，是由自然力量形成的，比如地质、地貌、水体、气象、天象、动植物等；另一些却是有序的，是由人为因素造成的，如历史古迹、园林、宗教文化、人工景点等。改变旅游资源空间序结构，有两种力量，一种是人类的力量，另一种是非人类的力量，其方式也有两种，渐进式和突变式。人们首先通过自己的劳动来改变各种系统的结构，使之符合人们的各种需要，其次借助其他要素来改变系统的结构。改变结构的过程既要受到自然界的约束，又要受到人类伦理及行为的约束，其价值增值可能向正、负两个方向进行。

人类在长期的自然、社会演化过程中，形成了与生俱来的欣赏自然、享受生命的能力和对自然的情感心理依赖。山间的一掬清泉，林间的几丝轻风，都可令人感到肺腑俱净，脑清神明。因此，对于整个人类来说，大自然和人类自身赋予的各种组合是有价值的。

（一）　构序价值表达式

在第三章第二部分中，我们已讨论了旅游资源及开发系统的结构，它是具有多元性、相关性和整体性的。正是由于自然景观与人文景观的差异性，旅游吸引力这个系统生命力才得以保持；旅游吸引物与围绕着它而发展起来的旅游区服务业和旅游交通业，在旅游资源与开发系统中是相互依存、相互作用、相互补充和相互制约的。而这个系统作为一个整体，确实产生了涌现性，体现在效益就是"整体大于部分之和"，旅游资源结构正是旅游资源价值的源泉。

人本来是一种自然存在物，生命进化论表明，在距今大约 30 亿年的太古代，地球上开始出现了简单的生命存在物，经过元古代、古生代、中生代，一直到上新世与更新代交界时期（距今有 200 万～300 万年），生物逐步摆脱了古猿阶段，出现了早期的人类。虽然人类与其他动物生活在同一个世界之中，并且都具有自然属性，但人类与其他动物不同，动物只能被动地接受外部世界所存在的事实，人类具有创造性，人类能够根据自己的需要进行各种有目的的创造性活动，在需求得到满足，甚至部分得到满足后，人类就会产生一种新的需求（见图 3 - 4）。

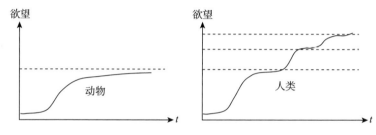

图 3 - 4　人类需求与动物需求的区别

正是人类这种"永无止境"的需求，导致了旅游资源的不同组合，进而才可能带来价值，对于进行旅游活动的人们来说，那些司空见惯的东西，如果不组合是很少有价值的。

有些东西是大自然为人类组合好的，比如自然景象，有些东西是人类在自身的发展过程中无意组合好的，比如遗迹，还有的东西是人们特地为旅游活动组合的，比如迪士尼乐园。物质的组合特点是旅游吸引物价值的源泉。

大自然为人类提供了多种组合，包括地质构造多样性、水体与陆地空间分布多样性、气象变化多样性、生物多样性等。

地质构造多样性为人类创造了久远的想象空间，以中国黄山地质构造为例，黄山在大地构造上属于凹陷断褶带，在距今 8 亿～4 亿年前，是沉积砂岩、页岩和石灰岩等的海相地层，在距今 4 亿～2 亿年前，地壳运动频繁，海陆交复，在印支运动时，遂隆起成为陆地，在燕山运动时期，表现为断块运动和岩浆的侵入，侵入体构成黄山主体，侵入体包括"太平花岗岩体"（距今 2.23 亿年）、"黄山花岗岩体"（距今 1.43 亿年）和"狮子林花岗岩体"（距今 1.23 亿年），黄山现在处在多样性环境的过渡带或急变带上。由于黄山处在多种环境的边际上，地球物质、能量和信息便处在景观重组、兼并和升华（或凝华）的过程中，而优质景观生命力强，从而构筑出黄山奇异的景观，使黄山成为世界名山（张理华，2002）。

水体与陆地空间分布多样性为人类留下了广阔的现实空间，以中国 4A 级旅游区（点）的地理分布为例，根据吴必虎、唐子颖的计算，4A 级旅游区（点）在中国八大地理分区中呈现了集中分布的状态，且分布的均匀度很低，属于凝聚型（吴必虎、唐子颖，2003）。

在全球、区域、小流域等不同的空间尺度上，自然生态系统影响着气象和气候过程。在生命出现以后，生态系统演化使大气成分发生了巨大变化。细菌、藻类和植物通过光合作用产生氧气，致使氧气在大气中富集，创造了许多其他生物生存的必要条件，生物通过改变温室效应而影响气象过程。云、水蒸气、CO_2 和其他微量气体成分覆盖于地球表面，形成温室般的保护层，植物通过光合作用从大气中吸收 CO_2，产生碳水化合物。地球表面的热量平衡受到 CO_2 吸收红外线辐射影响，而植物大量地吸收大气中的 CO_2，使得地表不至于过热，植被还影响云量、水蒸气和降雨，如亚马孙河流域 50% 的年降雨量来自森林蒸腾所产生的水分再循环。淡水源于降雨，雨水流入地下和江河湖海，经过蒸发和蒸腾返回到大气层，形成陆—海—气的水循环。自然界曾经出现过的许多迷人的气象景观被人类记录下来，刺激人们对它的向往。如果自然生态系统的平衡状态被打破，大自然的气象气候调节功能就会减弱，许多曾经有过的自然景观就不复存在。

生物多样性是地球 40 亿年生物进化所留下的最宝贵的财富，是人类社会赖以生存和发展的环境物质基础。生物多样性包括三个层次：遗传多样性、物种多样性和生态系统多样性。据估计，世界上生物总数有 500 万～5000 万种。生物多样性给人类带来了一个生动活泼的世界，生物与生物之间呈现互利共生、寄生、抗生等错综复杂的关系，正是这种关系，使得生物圈成为一个生生不息、密不可分的"利益共同体"。生物多样性的表达式为：

$$Bd = \int_0^T [\ (G_c - m + M)\cdot E_c - (N_t + A_p + Hf)\ ]\,\mathrm{d}t$$

式中（$G_c - m + M$）为有效遗传物质组合样数，G_c 为自身遗传物质组合样数，m，M 分别为由突变占去原有遗传物质基础组合样数的减少量和增加量，E_c 为生物能适应环境维数组合数，N_t 为自然选择，A_p 为人工选择，Hf 为被摄食量，$T=0$ 为生命起源时间。

大自然留给人类的这些组合大致可以划分成四种类型：第一种是刚性组合，像大山、洞穴等，它们随时间变化很慢；第二种是中性组合，像树林、江河等，人们能感受到它们随时间的变化；第三种是柔性的，如鸟群、云海、潮水、彩虹等，它们随时间变化很快；最后一种是前三种的再组合。

同样，人类在生存与发展过程中有意或无意创造的旅游资源，也会形成以上四种结构。它们还可以与大自然给人类创造的组合再组合。

无论以上哪一种组合，我们都可以分层次把它们弄清楚。例如，两座大山和一条大河的组合，一幢房子和一个故事的组合，一座大山、两幢房子和一个故事的组合，等等。

如果承认时间的不可逆性，那么旅游资源价值与时间序是相关的。因为时间改变一切，而且一般来说时间越长，人们所体验到的各种改变就越多。旅游资源价值与时间相关，包括两方面含义。一方面，许多旅游吸引物的形成是天造地设（如自然类），不是人们生产出来的，可将其看成时间的产物，另一些旅游吸引物（如人文类）虽然是人们生产出来的，但其产生并不以旅游为目的，而是经过很长时间后才为旅游所用，也可将其看成时间的产物。另一方面，在旅游资源形成后对其进行有效的开发，其价值增值是时间的函数。例如，中国唐山 1976 年大地震遗迹如果被有选择性地保留下来，是极有价值的旅游资源。一方面它是瞬间形成的，另一方面选择整理后的价值增值是时间的函数。

旅游资源价值量随时间变化，我们不能简单地以时间的长短来定论，应该以旅游者人群所能体验的时间来衡量，即与人们的预期有关。可以将旅游资源所在系统看成第三层次的系统，即进化系统或耗散自组织层次。

它与时间和历史有关。无论是自然类还是人文类旅游资源的形成，我们都无法在系统外找到组织者。实际上，它是在一定的外界条件下，系统"自发地"组织起来而形成的。一些旅游资源形成的时间漫长，而另一些只在一瞬间被造就。旅游资源的开发者不能破坏这种自发形成的结果，否则，这方面的价值会降低。正是由于这种"自发"，我们现在还无法精确"解剖"旅游资源形成的过程以及这个过程给价值带来的影响。在这个方面，时间对旅游资源价值的贡献，我们现在还无法精确计算，正如马歇尔在《经济学原理》中说："时间因素是经济学上许多最大困难的根源。"在另一方面，时间的价值，可以通过旅游资源所在系统的环境所起的作用来估算，例如开发成本和制度都可以被看成时间的函数。

如果记 S 是所有这些组合的集合，设 $s \in S$，则按如下步骤，理论上我们可以求得组合 s 的价值。

假设 $R(t)$ 是 t 时刻全世界的总收入，$P(t)$ 是 t 时刻全世界的总人口，则 $\dfrac{R(t)}{P(t)}$ 是 t 时刻全世界的人均收入。

又设 $Q(t)$ 是 t 时刻全世界由组合 s 吸引的旅游人数，则 t 时刻全世界由组合 s 增加的收入为：

$$Q'(t)\frac{R(t)}{P(t)}$$

如果 $N(t)$ 是 t 时刻全世界组合 s 的个数，则 t 时刻由一个组合 s 增加的收入为：

$$Q'(t)\frac{R(t)}{P(t)}\frac{1}{N(t)}$$

除去人口自然增长和通货膨胀的影响，则 t 时刻由一个组合 s 增加的收入为：

$$Q'(t)\frac{R(t)}{P(t)}\frac{1}{N(t)}\frac{1}{P'(t)}\frac{1}{\lambda(t)}$$

式中 $\lambda(t)$ 是 t 时刻全世界的通货膨胀率。

因此，T 时刻组合 s 的价值 $v(s)$ 为：

$$v(s) = \int_0^T Q'(t) \frac{R(t)}{P(t)N(t)P'(t)\lambda(t)} \mathrm{d}t$$

$t = 0$ 为生命起源时间。

人们开发旅游资源，不断地增设景点、组合旅游线路、改善交通，是改善着物与物之间的关系，这些物与物之间的关系的不断改善，就使得旅游资源的价值不断发生变化，并且产生涌现性。这种系统涌现性是难以通过单个个体来衡量的，必须以不同人群甚至整个人类的"效益"来衡量。

在旅游资源中，除了个别专门为旅游而建造的人工游乐场所外，其他绝大部分原来的功能并非为旅游而产生。自然景观本是天造地设，不是为旅游而产生的，在人造景观中，如庙宇是为祭祀，城墙是为御敌，亦非为旅游而筑。民俗风情是各民族生活的本色，似乎亦无旅游价值可言。只有人类发展到一定阶段，在一定的系统结构中，许多事物对人们产生了吸引力，它们才成了旅游资源。即使是一个旅游景区，如果风景点地域组合分散、交通不便或者旅游线路组合不好等，也会影响其价值，产生不了"整体大于部分之和"的效果。

（二）事件价值

正是由于旅游资源价值取决于系统结构和时间，根据我们前面的分析，旅游资源的价值一部分是由事件的价值来实现的。事件对旅游资源价值量的改变会产生巨大的作用。一个自然事件，如瀑布、溶洞、地震遗址等改变原系统的结构，因而价值增加或减少；一个历史事件，如古迹、故事、传说等，或者一个政治事件如香港回归，或者其他事件如太空飞行，会在很大程度上改变系统原有的结构，因而对人产生吸引力，造成相关的旅游活动的进行，它使得旅游资源价值通过旅游活动得以实现。一个当期的事件，如同一个旅游吸引物，在申报并获批成为"世界遗产"后，便成为重中之重，它使得这一旅游吸引物迅速增值。

事件在人类社会中扮演的角色从未褪色。人们在旷日持久的生活、工作、学习、思考中，厌倦日益加深，享受事件是其中闪光的时刻，自大众旅游深入人心以来，许多生活在现代社会中的人，拼命寻找哪怕是一点儿借口来找事庆祝一番。

事件作为提升旅游资源价值的催化剂，将品牌、文化、形象、传播、消费、娱乐、承诺等融合为一体，大大提升了旅游经济的活力，对旅游者具有吸引力的事件被看成经济上最大的增长点之一。Anderson 和 Wachtel（1986）描述了加拿大哥伦比亚州政府如何利用 1986 年温哥华世界海洋游艇赛来充分增加就业岗位和吸引投资以解决省内经济衰退问题的。世界最大的山水实景演出《印象·刘三姐》，充分利用了广西民间传说中的"刘三姐歌圩"原址的地形地貌，以 12 座远近错落有致、极具桂林山水特色的山峰为背景，以绵延两公里、宽 500 米的水面做舞台，将源于自然又超出自然的编排、舞美、服饰、灯光、音响，以及 600 多人的演出阵容跃然景上。当时出现了"千金难求一票"的场面。

事件的广袤宇宙丰富多彩，令人目不暇接。任何形式的分类恐怕都难以概其全貌。根据不同发生环境，我们把影响旅游资源价值的事件分为正面事件和负面事件。正面事件又分为自然事件、历史事件和创造事件。负面事件如旅游承载力突破、旅游商品同质等。

自然事件如瀑布、溶洞、地震遗址等，历史事件如古迹、故事、传说、非物质遗产、战争遗址等，创造事件就更多，如博览会、迪士尼展览、狂欢节、体育比赛、文艺表演、农家乐等。自有时间开始，人类就寻找各种各样的方法来创造生活中的重要事件，四季变化、月圆月落、人事沉浮都可能成为有旅游吸引力的事件，从中国的春节到西方的圣诞节，从希腊的酒神狂欢到拉美大陆的狂欢，从盛大的海边婚礼到巴黎的时装展示会，从 F1 超级车赛到奥运会，其间产生了集会、仪式、庆祝、推广和交流等许多与旅游相联系的事件。

人们通常聚集在市场上进行商业交易，如今商业气息慢慢地渗入博览会和节庆事件。这些博览会与节庆已经经历了非同寻常的成长，无论其规模大小，旅游资源地都寻求或希冀凭借此类事件增加旅游收入，一些社区在旅游淡季用此类事件来刺激旅游发展。世博会或其他重大事件总是把商业和专业会议连在一起，主办者希望以事件为诱因，把媒体的关注与有影响力的人和物结合起来，对城市旅游经济产生积极的影响。巴西里约狂欢节，表面上是海风、阳光、美色、舞步、啤酒让人们一起欢腾，实际上是世界各国的旅游机构都与里约旅游局做成了大买卖。

体育事件是旅游创造事件迅猛发展的领域，设计和营销大型体育事件通常被认为是旅游经济活动的重要项目。全球职业体育市场扩张和全球化与商业化，使得体育名人殿堂或体育博物馆大量涌现，吸引了众多旅游爱好者。

文艺事件的创造不是孤立的，它与旅游资源匹配是重要因素。反映文艺事件与自然环境、文化、宗教等相联系的风格和形式，塑造新形象，挖掘娱乐元素等，是重要手段。文艺事件对旅游经济的影响力可能是巨大、深远的。

美国已进入了其历史上盛大事件的繁荣期，盛大事件深深地根植于宗教、文化、仪式中，美国不仅在其文化中融合了其他文化的传统，还创造了深具北美特色的盛大民间事件如加利福尼亚州帕萨蒂娜的玫瑰花车大游行，赢得了旅游者的欢心。中国创造事件的策划者将中国五千年的辉煌历史与全球市场有机结合起来，东方的传统、文化、宗教、仪式、民间活动，将为旅游产业创造巨大机遇。旅游收入成为全球创造事件的发动机。

旅游资源的这部分事件的价值，可以通过旅游区域发生的事件价值的有效叠加来估算，而每个事件的价值需要在某一时刻根据其类型、性质、大小、所在系统的内部结构来进行评价。所谓有效叠加不只是考虑把各事件的价值简单地线性相加，还要考虑事件组合的附加价值。例如，某旅游区域发生了三个事件，除了估算每个事件单独发生所带来的价值变化外，还要估算三个事件同时发生的附加价值。

每个事件都可能是关键性的，这些事件对旅游资源价值的影响是举足轻重的。在确认过程中，我们不仅要把握它们对当前的影响，还要估计它们对未来的影响。

可以通过交互矩阵（见表 3-1）来对事件产生的价值增值进行分析，应用交互矩阵可对事件产生的影响进行估计。

表 3 - 1　交互矩阵

结果＼原因	①私人交通工具	②徒步旅行	③交通基础设施	④旅游吸引力	⑤农村因素	⑥噪声	⑦商业	积极因素和（AS）	商（AS/PS）
①私人交通工具	—	3	2	3	1	3	2	14	1.4
②徒步旅行	1	—	1	1	1	0	2	6	0.5
③交通基础设施	3	2	—	3	3	2	3	16	2.3
④旅游吸引力	2	1	0	—	1	1	3	8	0.5
⑤农村因素	1	3	2	3	—	1	1	11	1.2
⑥噪声	1	3	0	3	2	—	1	10	1.2
⑦商业	2	1	2	2	1	2	—	10	0.8
消极因素和（PS）	10	13	7	15	9	9	12		
乘积（AS×PS）	140	78	112	120	99	90	120		

资料来源：Müller, Flügel, *The Influence of Events on Tourism*，1999，有改动。

活性因子和（AS，Active Sum）与钝性因子和（PS，Passive Sum）分别由行和列上的数值加总得到。然后，就可以计算得到乘积 P（AS×PS）与商 Q（AS/PS），并界定出活性（active）、钝性（passive）、关键性（critical）和惰性（inert）值。最后根据这些值对事件产生的影响做出判断。

一个事件无法吸引到旅游者的原因很多，旅游者选择不参加也总有其独特的理由。因此，对事件市场的判断只能建立在可知的此时的需求之上。

考虑时间时，可用结构趋势线来对事件进行分析（见图 3 - 5），各种新发现与行为的扩散类似于一个传染的过程，由最初的一个创新或一个事件，最终产生了广泛的影响。

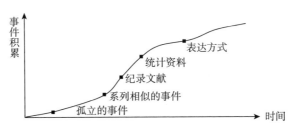

图 3 - 5　事件的结构趋势线

73

根据结构趋势线，我们可以描述它们的序。序的概念，简要说就是"按次第区分、排列"。数学上严格定义了偏序（即我们通常所讲的序），认为它是一种具有传递性、反对称性和自反性的二元关系。后来人们进一步发展，用有序、无序来描述客观事物的状态，并描述由多个子系统组成的系统的状态。

所谓有序，指事物内部的诸要素之间和事物之间有规则的联系或转化。有序、无序是比较而言的，只有一件事或者某事物中仅包含一个元素，都是无法谈论有序或无序的；两个事物相比较谈论有序、无序，总是根据某一规则来确定的；有序和无序在一定的条件下可以互相转化。有序、无序的种类可大致分为空间序、时间序和功能序，其中空间序指系统或其子系统在空间分布上的规律性，它可作为静态序，其所形成的结构被称为平衡结构；而时间序指系统发展变化时时间上的先后次序以及周期性变化，它可作为动态序，其所形成的结构被称为非平衡结构或耗散结构。

如果我们从"先手"的角度估算旅游资源价值，可以考虑关系式：

$$v^* = \sigma(x,t) \cdot v$$

式中 v 是在不考虑"先手"因素情况下的价值量；$\sigma(x,t)$ 是 x 和时间 t 的某个递减函数；x 是旅游区域某种开发次序，x 越大，则 $\sigma(x,t)$ 越小，t 与某初始时刻 t_0 距离越远，$\sigma(x,t)$ 就越小。

由于开发成本巨大，而每个旅游者的效用与该旅游区域的旅游者的数量呈正相关，所以，$\sigma(x,t)$ 所描述的是，先行者会有一种"先手"的优势。$\sigma(x,t)$ 的其他性质与旅游区域所处的系统结构有关。

当然，在同样的系统结构中，低水平的开发手段，会使得结构变得混乱，其开发时间先后对旅游资源价值的增值不大，甚至会减值。例如湖南张家界在旅游开发过程中，曾一度滥建食宿、购娱设施，被世界遗产委员会提出黄牌警告，致使后来多余建筑被大规模拆除，耗资巨大。所以低水平的开发，即使在时间上占了"先手"之便，也不会对旅游资源价值产生增值之利。

参考文献

〔意〕欧文·拉兹洛：《系统哲学引论：一种当代思想的新范式》，钱兆华等译，商务印书馆，1998。

〔俄〕普列奥布拉曾斯基，V. S. 克列沃谢耶夫，V. M.：《苏联游憩系统地理》，吴必虎、蒋文莉等译，华南师范大学旅游教育专业印行，1989。

杨振之：《旅游资源的系统论分析》，《旅游学刊》1997 年第 3 期。

彭华：《区域旅游规划新理念》，《广东旅游》1997 年第 7～8 期。

吴必虎：《旅游系统：对旅游活动与旅游科学的一种解释》，《旅游学刊》1998 年第 1 期。

甘筱青：《旅游资源与开发的系统结构》，《南昌大学学报》（人文社科版）2002 年第 1 期。

邓观利：《旅游概论》，天津人民出版社，1983。

郭来喜：《人文地理学概论》，科学出版社，1985。

黄辉实：《旅游经济学》，上海社科院出版社，1985。

保继刚、楚义芳：《旅游地理学》，高等教育出版社，1999。

唐顺铁、郭来喜：《旅游流体系研究》，《旅游学刊》1998 年第 3 期。

杨萍：《从旅游流到物质流：对旅游经济增长与发展的思考》，《思想战线》2010 年第 4 期。

张理华：《黄山地质旅游景观成因机制研究》，《安徽师范大学学报》（自然科学版）2002 年第 3 期。

吴必虎、唐子颖：《旅游吸引物空间结构分析》，《人文地理》2003 年第 1 期。

〔英〕马歇尔《经济学原理》，陈良璧译，商务印书馆，1981。

Gunn, Clare A. "Vacations Cape", *Designing Tourist Regions*, Austin：University of Texas, 1972.

Gunn, Clare A. , *Tourism Planning：Basics*, *Concepts*, *Cases*, 3rd Ed, Prentice-Hall, 1994.

Leiper, Neil, "The Framework of Tourism：Towards a Definition of Tourism, Tourist, and the Tourist Industry", *Annals of Tourism Research*（4）1979.

Leiper, Neil, "Tourist Attraction Systems", *Annals of Tourism Research*（17）1990.

Sessa, Alberto, "The Science of Systems for Tourism Development", *Annals of Tourism*

Research （15） 1988.

Robert Christie Mill, Alastair M. Morrison, *Tourism System*: *An Introductory Text*, 2nd Edition, New Jersey: Prentice Hall, 1992.

Kaspar, A. "Das System Tourism im Überblick", in G. Haedrich et al. , eds. , *Tourism Management*, de Gruyter.

Anderson C. & Wachtel E. , *The Expo Story*, Madeira Park: Harbour Publishing, 1986.

第四章　旅游资源与开发系统演化

　　人类在自身的生存发展活动中挖掘资源是一个动态的历史发展过程，这一过程中始终包含着人类活动的能动性和被制约性之间的矛盾运动。人类生存的环境包括自然环境和社会环境。自然环境指由地球表层的岩石（包括各种矿藏）、土壤、大气、水（包括海洋、河流、湖泊和地下水）和生物等自然物质与来自地球外部的太阳能和地球内部热能相互作用形成的一个复杂的自然地理系统，它提供了人类生存的各种必需品，是人类生存不可缺少的、必要的条件。自然环境的这一特性，决定了人类一旦产生就必然要与自然发生密切联系和相互作用。人类在与自然环境相互作用时，必须处理人与自然的关系。人类在与自然的长期作用中，逐渐形成了规则和制度，导致社会环境的形成。社会环境是在人类的社会意识、价值观念、宗教信仰、生活习惯、经济状况、劳动技能、知识水平等多种因素作用下形成的一种复杂的社会系统。钱学森等人认为，社会系统包括经济、政治和意识三个子系统，自然地理系统是社会系统的地理环境（钱学森等，1988）。随着社会环境结构的日益复杂及其功能的日益强化，人类使用和创造的资源正从自然资源向社会资源转变。

一　自然经济时期

　　自然旅游资源是天然形成的。地球表面环境物质经历了 46 亿年漫长的演化，生物合成物质从无到有不断增多，进入距今 800 万年的时期后趋于相对稳定。地球表层可分为岩石圈、水圈、大气圈、生物圈。地球的圈层构成自然旅游资源。

岩石圈表面形成地质类和地貌类旅游资源；水圈内形成江河、湖泊、瀑布、海滨等各类旅游资源；大气圈内形成气象和气候旅游资源；生物圈内形成生物旅游资源。太阳能按纬度分布不均，造成地球上按纬度有规律的地域分异，地球本身的内能，决定了海陆分布、地势起伏、岩浆活动，这两种因素的作用形成了地球上千姿百态的自然旅游景观。从全球地质构造和地壳结构来看，地壳可分为洋壳、陆壳和过渡型地壳，由6大板块、20多个小板块组成，各板块构造的不同部位有不同的地质动力作用，形成不同的自然旅游资源（杨桂华、陶犁，1999）。例如，在太平洋板块与欧亚板块的俯冲带，火山与地震活动较强烈，形成了日本、菲律宾等国家以海洋、岛屿、火山、温泉等自然景观为主的旅游区；印度板块与欧亚板块的碰撞，形成了青藏高原以高山冰川等自然景观为主的旅游区；在大洋型地壳地质构造与海底地貌特征、海洋生物等因素的控制下，陆地边缘形成海滩旅游资源，海洋内部形成海岛、珊瑚礁、海洋生物等海洋旅游资源，陆地上的大山、湖泊和纵横交错的河流，形成了各具特色的陆地旅游资源。

原始人类为了生存，以氏族、部落群居，各自之间相对分离、相对孤立地运动，他们的运动是为了直接的生产，如狩猎、捕鱼、采摘，完全是徒步，使用的工具是石器。如果需要长途跋涉，旅行就已开始。人类在与自然的斗争中，有时需要出征，如中国传说中的黄帝征战巡游、大禹治水等，均表现了中国原始社会时期人类为征服自然而进行各项旅行活动。这种原始旅游活动，体现了只有那些具备"超凡"能力的人才能进行，才能欣赏自然的博大和魅力。由于生产力低下，大多数人的旅游活动是为庆祝收获而进行的祭祀活动，他们祈祷神灵保佑，战胜人们无法预料又无力抵御的灾祸，表现为对自然、祖先的崇拜。

这一自然演化时期，旅游客源地子系统与旅游资源子系统几乎重合，服务业和交通业几乎没有，很难谈得上进行旅游活动。但是，作为组成旅游资源与开发系统核心部分的自然旅游资源客观存在。

到新石器时代，畜牧业和原始农业开始形成和发展，人类逐渐适应了定居生活，食物来源大半甚至全部是靠栽培植物和畜养动物。随后人类第一次出现了畜牧业和农业的社会大分工，由于生活资料、生产资料的逐渐丰富，产品交换增加，促使商务旅游的增长，牛、马、驴、骡、骆驼等牲畜就成为这一时期重要的交通工具。以放牧为主的游牧民族，为了适应环境，逐水草而居，过着迁移生活，他们的食物来源和交通工具都是牲畜。而对于靠近江、河、湖、海的民族，舟船就成了他们重要的生产工具和交通工具。新石器时代晚期，金属工具问世，手工业逐渐发展起来，导致了人类第二次社会大分工，即手工业与农业、畜牧业的分离。由于生产技术的进步和生产率的提高，劳动剩余产品数量增多，产品交换得到了发展。到了奴隶社会形成时，开始出现了商人阶级，人类完成了第三次社会大分工，即商业从农、牧、手工业中分离出来，人们需要到其他地方了解产品需求情况和交换自己的产品，因而便产生了商贸旅行。

由于生产力的发展，水陆交通路线渐渐被开辟，旅游逐渐成为上层阶级开展的一项活动，如酋长、天子、诸侯、贵族王公等的会盟、游猎、巡游、娱游；各部落、国家之间的外交盟会、公务旅行；各学派、宗教门派创始人带领其门徒周游列国；等等。这些活动促进了交通的发展，古代客栈发展了起来，交通系统也逐渐形成，如著名的道路系统有罗马帝国修建的连接罗马和各行省首府的罗马大道，中国古代历朝修建的连接京城的驿道，地中海沿岸和中国沿海的一些港口城市如雅典、热那亚、威尼斯、泉州等都成为重要的海运交通城市。特别值得一提的是，中国隋炀帝除了营造了巡游的旅游中心城市东都洛阳外，为了加强对江南的控制，也为了自己到江南巡游方便，他竟下令开凿了沟通南北的大运河，开辟了隋朝大运河这条水上巡游线路，运河两岸御道平坦，绿树成荫，并设有驿站、离宫等接待设施。

统治阶级身居宫内，除了热衷于游猎、巡游等动态的游山玩水的生活外，还对静态的自然山水感兴趣，因而把自然山水复制到庭院之中，促进了园林艺术等人造景观的发展。

这一农业经济时期，旅游活动是一种上层阶级、贵族阶层的活动，或者是一种以生产、商贸、军事、教育、宗教为目的的旅行，基本上没有消遭的内容。旅游资源不再是纯粹的自然景观资源，还加入了许多属于人类文化结晶的东西，旅游资源子系统得以扩大和发展。而以人力、畜力作为动力的交通业和以宫廷服务为主的服务业也得到了很大的发展。尽管如此，从经济上来说，无论是奴隶主经济还是封建主经济，都是地理空间有限的区域经济，它们局限于民族地理空间的有限部分，各个区域经济体自成一体，较少发生经济的空间流动，具有较强的封闭性。

二　商品经济时期

1763 年瓦特蒸汽机的出现，结束了人类对人力、畜力、风力和水力的依赖，提供了利用热能和为机械供给动力的手段，标志着人类进入工业社会。机器大工业代替了工场手工业，极大地促进了资本主义生产力的发展。蒸汽机的出现带动了采矿业的发展，人们不久就掌握了采煤术，与此同时，交通系统也得到广泛的建设，工业革命后欧洲出现的道路系统和运河工程在技术上和质量上都远远胜过古罗马和古代中国的工程。

公路是最早发展的陆上交通，公元 5 世纪以前，古罗马人就在自己的帝国铺设了一个遍布全国的公路网。1663 年，英国人在世界上率先实现了公路收费，公路收费制度在一定程度上保证了公路修筑的费用。17 世纪公路系统逐步完善，以四轮马车为交通工具的公路交通日益发展，马车作为使用最广的交通工具，一直沿用至 19 世纪初。1825 年，英国人乔治·史蒂文森建造了从斯托克顿至达林顿的世界上第一条铁路，开创了人类旅行的新时代。乘坐火车旅行比乘坐当时主要交通工具公共马车的费用低、时间短，由于铁路网络的不断扩大，大规模的国内旅行成为现实。虽然这一时期，蒸汽汽车也已问世，但无论是速度还是运载力都不能与火车相比。大众旅游的开创者托马斯·库克于 1841 年组织教友组团乘火车，实现了从莱斯特到洛赫伯乐的旅行。1840 年，世界第一家专门经营邮件和旅客运送的汽船公司的出现，拉开了水路交通旅游的序幕。航空交通方式的出现，更是对大众旅游发展产生了巨大的影响。1914 年，世界上第一条民航客机定期航线在美国开始运营，1919 年，国际上正式开通了从伦敦到巴黎的客运航线，

20 世纪 50 年代，美国波音 707 型和道格拉斯 DC - 8 型等大型喷气式飞机投入使用，开创了航空交通的新纪元。工业化革命，大大改变了人类的面貌，汽车、飞机、游轮等交通工具，以及高速公路、机场和港口的发展使人类的旅行更加快捷、方便。

旅游交通条件的改善，直接导致区域旅游空间内部组织结构的变化和外部具体形态的演化。现代快速旅游交通赋予目的地更灵活的变化，并产生了许多新的旅游空间。现代旅游交通演化的主要趋势是长途化、综合化、快速化、舒适化。旅游交通的变化不但直接影响目的地旅游空间扩散形态，而且不断改变目的地的区位条件和作用范围。在旅游活动欠发达地区，快速旅游交通系统的建设有可能使旅游发达区域对旅游欠发达地区产生辐射，从而使旅游欠发达地区的旅游得到发展。

早在马车时代，马车行程的起点、驿站和终点，都设有小旅舍，这类旅舍规模小、设施简陋。随着铁路的发展，马车交通日渐衰落，这类旅舍遭到淘汰，取而代之的是在火车站所在的市镇与附近地区出现的不同类型的住宿饭店。到了 19 世纪，住宿饭店就进入了现代旅馆发展时期，现代旅馆追求舒适、方便、清洁、安全与实用。由于航空业的发展，有了更多的跨国跨海旅行，出现了更多的连锁饭店和现代大饭店，现代大饭店不仅仅具有传统的住宿功能，还有多功能的娱乐设施、会议设施，有各种风格和情调的酒吧和餐厅，有各种类型的健身设施和美容服务，除了满足安全、舒适、卫生等要求外，还能满足客人的消遣、健身、娱乐、公务等多种需要。1959 年，美利坚航空公司和 IBM 联合开发了世界上第一个计算机订位系统。1965 年，假日饭店集团开发建立了假日电讯网（Holidex），该网拥有自己的专用卫星，客人可以通过该网预订假日饭店集团在全球各地的 200 多个酒店和度假村不同等级的客房，并在几秒钟内得到确认。20 世纪 70 年代后期，一些国际性的大型酒店集团纷纷建立了自己的中央预订系统，计算机预订系统的业务范围逐步扩大到订票、订房、租车等，其中较有影响的是由国际性航空公司联合组建的全球分销系统（GDS），该系统连接饭店、度假村、汽车租赁公司、铁路公司、旅游公司等，提供航班订座、住房预订和市场营销等综合服务。

早先的旅行者可能是出于商贸目的，这种形式的旅行，在罗马时代达到高潮，也有为数极少的希腊人和罗马人外出旅行去观赏金字塔和神庙，还有一类人是因为喜爱文学艺术、科学考察，像中国许多文人墨客，赋诗题词、撰写游记。宗教也是促使人们旅行的一个重要的因素，教堂、清真寺、佛寺等，吸引着大批长途跋涉的朝圣者和游览者，这在中世纪尤为突出。文艺复兴时期旅行者外出旅行是因为旅游景观的美学价值、大自然和具有异国文化情调的民情风俗对他们的吸引。18 世纪初，旅行者的旅行更多的是基于对健康的关注，旅行者开始大批到温泉区和海滨区旅行，他们认为浸泡在温泉和海水中对健康有益。直到 18 世纪，旅行者还只是一小部分人，绝大多数人没有离开过自己生活的地方，他们没有时间，没有钱，也没有外出旅行的念头。工业革命后，社会财富迅速增加，城市化大大地改变了人们的生活方式，欧洲出现以愉悦为目的的旅行，人们到温泉区和海滨区去旅行主要是为了观赏风景而把温泉和海滨视作娱乐和休闲的场所。

20 世纪真正的大众旅游出现，旅游者开始了从少数人到少数阶层再到大多数人的发展过程，旅游本身也从单纯旅行走向内容丰富、范围广泛、形式多样的旅游。1939 年，十多个欧洲国家明确立法，规定带薪假期，在国际劳工组织的努力下，很快又扩大到 60 多个国家，从此，劳动者也有了闲暇的权利。1995 年，中国也与世界发达国家每周 40 小时工作制一样，开始在全国职工中实行每周 5 日工作制，中国国内旅游随即出现了"周末旅游热"。1999 年，中国又出台了《全国年节及纪念日放假办法》，从此每年的"春节""五一""十一"三个"旅游黄金周"都成为中国国内旅游的热点。当闲暇被理解为实现自我、使自己感到愉快的社会需要时，它对人们安排自己的生活，特别是旅游，产生了极为重要的影响，它使得旅游仅为少数特权者所享有的性质产生了迅速的变化，数十万、数百万的普通劳动者成为旅游者，旅游迅速进入了一般人的社会生活领域。

最重要的是，旅游资源子系统在不断扩大，除了不断增多的人造景观以外，先前采煤、采矿、纺纱、蒸汽机制造、冶炼、建设旧铁路等形成的工业中心也被当作"遗弃工业"场所而拨款修葺，推向市场（J. Urry，1990）。策划师、设计师们根据其不同的特点进行加工，形成了别具一格的旅游场所。"当年的织布作坊今天成了伦敦股票经纪人和医师们的周末度假地；当年的谷仓和马厩成了自办餐饮的公寓；当年的磨坊成了博物馆；监狱成了艺术馆"（Smyth，1990）。

这一时期，旅游资源子系统不断扩大，旅游服务业和旅游交通业迅猛发展，旅游客源市场真正形成，并迅速向人口分布密集地区和快速交通干线扩大。旅游资源、旅游区服务业、旅游交通业和旅游客源市场的联系更加紧密，相互作用的方式更加多样化、复杂化。客流、信息流、物流更加紧密地结合在一起，流动方向和规模变化迅速。

三　服务经济时期

20世纪90年代后期，随着社会经济的发展、技术的进步、教育的发展和人们文化水平的提高，旅游者旅游消费的经历和经验不断丰富，旅游者对束缚其个性发展的旅游的需求强度日趋弱化，旅游市场因此自然地分化成若干大小不一的细分市场，具有不同需求的群体在不同的细分市场上追逐不同的旅游产品。特别是，随着以资本为核心资源的工业社会向以智力为核心资源的知识经济社会的转化以及以互联网为代表的信息技术的飞速发展，旅游者的信息渠道和消费意识产生了深刻的变化，旅游需求的个性化和多样化进程得以加速，旅游市场的划分呈现越来越细的发展趋势，旅游市场日趋成熟，旅游者在不断改变自己的个性化需求并加以创造，一大批"新型"旅游者产生，其特点是阅历广、经验多、要求高，这意味着传统的旅游模式将逐渐被对多种兴趣和富有新意的旅游经历的追求所超越。

从旅游资源来看，旅游资源的要素范畴在不断延伸。文艺、工艺、美术、教育、设计、网络技术、影视技术、动画技术、虚拟现实（Virtual Reality，VR）、增强现实（Augmented Reality，AR）越来越多地介入旅游目的地建设和旅游产品的开发，"创造事件"层出不穷。

汪宇明等认为，"21世纪已成为人类价值观大融合、大变革、大转型的时代。价值观的转型必然诱致人类生活与生存方式的转型，从而引领着人类文明发展进程的变革方向。在这样一个变革与发展充满不确定性的时代，旅游发展及其所依存的资源基础也在变化。为此，需要有一个更为开阔的思维视角看待和审视旅游资源的内涵与外延的变化"。

VR 是由美国 VPL 公司创建人拉尼尔（Jaron Lanier）在 20 世纪 80 年代初提出的。它是综合利用计算机图形系统和各种现实及控制等接口设备，在计算机上生成的、可交互的三维环境中提供沉浸感觉的技术。AR 也被称为混合现实。它通过电脑技术，将虚拟的信息应用到真实世界，真实的环境和虚拟的物体实时地叠加到了同一个画面或空间而同时存在。VR 看到的场景和人物全是假的，是把你的意识带入一个虚拟的世界，AR 看到的场景和人物一部分是真的，一部分是假的，是把虚拟的信息带入现实世界中。

虚拟现实已经受到大众的关注，是增强现实的基础，增强现实把人们生活中的真实与虚拟结合起来，其用途广泛。AR 技术可以还原现实中的旅游景区，从而在网上构建一个虚拟景区。游客可以通过建立个性化的虚拟化身，在虚拟景区环境中直接游玩旅游景点，足不出户地观赏千姿百态的风景胜迹以及了解旅游资源背后的传奇故事。游客还可与景区虚拟导游互动交谈，讨论出行指南、旅游心得、奇闻趣事，进行建议及点评，等等。

虚拟现实技术可被应用到旅游景区开发设计中，将旅游目的地的某些道路、建筑、景点、商业网点等大量信息建成数据库，变换成虚拟现实系统，游客通过虚拟现实系统进入该虚拟境界，亲身观察和体验，判断和评价旅游规划方案的优劣，进行辅助设计和决策。利用虚拟现实技术进行旅游开发，可以在任意时间和从任意角度、视角，通过漫游来观察和体验设计作品，身临其境地感受空间、材料、质感和声音，找出设计与实际结果之间的关系，发现设计中潜在的缺陷，避免建设的盲目性，从而使整个设计更加完善。

虚拟旅游现实会根据区域旅游主题形象，结合旅游客源市场特点，广泛运用区域文化符号将主题真实化，给旅游者充分的想象空间，在旅游交通工具、气氛营造、虚拟本土化服务人员等各方面进行创造。

从旅游交通来看，除了传统的轮船、汽车、火车、飞机外，高铁出行给旅游者带来了很大的方便。就中国来说，八横八纵的高铁线路设计几乎覆盖了全国的旅游客源市场。"同城效应"逐步形成，城市之间联系更加紧密，旅游者的流动更加便捷。在日本，新干线使京都丰富的旅游资源得到充分利用，数十年来其旅游人数持续增长，成为日本重要的旅游目的地。

各景区中的电瓶车、观光车、索道缆车等小交通日益完善，小交通的运作和管理水平大幅提高，极大地节省了景区旅游者的体力，延长了旅游者的旅游时间。

从旅游服务业来看，传统的吃、住、行、游、购、娱等旅游服务质量标准和平均服务水平得到很大的提高，旅游安全和旅游营销也得到了很大的发展。政府部门以大中型旅游企业为依托，以产权为纽带，通过资产划拨、合资合作、兼并等方式，整合重组酒店、旅行社等，以特许、转让、承包等方式，按照旅游资源所有权、管理权与项目经营权分离的原则，积极开拓渠道、吸引资金建设旅游基础设施，依法有效利用开发旅游资源，培育旅游品牌、做大旅游经济。

互联网旅游服务已经普及，手机卫星导航和定位给旅游者带来了大实惠。互联网出现不久，便很快被应用到旅游上。

游客可以通过互联网查询景点的信息、预订酒店等。人们外出旅游之前，都会上网查一下信息，互联网很大程度上解决了信息不对称的问题。特别是以手机为终端的移动互联网，解决了带宽瓶颈，为旅游者提供移动信息服务。旅游者需要随时了解旅游地的信息，移动互联网为此提供了服务，游客只要拿出随身携带的手机上网就可以查询到自己需要的信息。

虽然手机的屏幕小，但网上经过筛选、整合、优化之后的针对性服务信息量大，而且越来越多的手机客户端，为游客提供了如天气、交通、住宿、餐饮、特产等详尽的旅游服务。游客还可以通过手机获得定位和导航服务。各种定位应用软件可以获取移动终端用户的位置信息，在电子地图平台的支持下，为终端用户提供相应的增值服务。

旅游物联网服务也正在迅速发展。例如，利用物联网技术可以给景点贴上一个电子标签，游客的手机识别后，自动通过移动互联网连接到该景点的后台，该景点的后台就会通过游客的手机，向游客作"自我介绍"了。游客还可以通过手机对该景点进行评论，或者将跟景点的合影上传，也可以查看以前游客的评论和合影。

移动旅游电子商务消除了距离和地域的限制，可以为用户提供方便的个性化服务。游客可以通过移动手机自动为旅途中的费用付费。在旅途中，游客可以刷手机进入景区，可以通过手机上网下单购买旅游商品，直接快递到家。中国在线旅游服务平台见表4–1。

表 4 –1　2015 "互联网 +" 在线旅游服务平台 Top 20 （中国）

排名	企业名称	iBrand	iSite	iPower	总分
1	携程网	97.65	96.76	98.97	98.40
2	去哪儿网	98.37	97.18	98.66	98.34
3	蚂蜂窝	95.73	96.13	98.35	97.64
4	途牛网	93.57	95.29	98.04	97.04
5	欣欣旅游网	96.45	93.82	97.73	96.82
6	艺龙网	96.93	94.66	97.42	96.82
7	欢乐旅游网	93.09	96.34	96.49	96.12
8	新浪旅游	94.77	98.23	95.56	96.02
9	驴妈妈旅游网	87.09	95.92	96.80	95.65
10	穷游	91.89	95.50	96.18	95.62
11	酷讯网	87.33	93.19	97.11	96.25
12	户外资料网	91.65	94.87	95.87	95.25
13	同程网	97.17	96.55	94.32	95.05
14	芒果网	90.93	95.71	94.94	94.69
15	网易旅游	86.85	97.81	94.63	94.49
16	搜狐旅游	87.57	98.02	93.70	93.95
17	阿里旅行	98.13	95.08	92.46	93.55
18	猫途鹰	92.61	93.40	93.39	93.31
19	磨房	94.05	92.56	92.77	92.86
20	米胖	83.25	85.42	95.25	92.08

资料来源：2015 年第三季度《互联网周刊》。

从旅游客源市场来看，休闲、度假和个性化旅游越来越受到推崇，旅游客源市场的划分越来越细，进一步增强旅游发展后劲。由于互联网技术的发展，传统的调查问卷等方法逐步被网络 "行为记录" 流数据记录所取代。

流数据记录了访问者的行为路径，旅游消费者行为流数据的文件或数据库数据往往记录着旅游者在互联网站的访问、旅游情况和电子商务交易的情况，通过数据挖掘和分析对流数据分析，可以更深入地了解并预测旅游者行为模式、旅游产品消费模式、旅游决策行为模式，提高旅游资源地吸引物管理运营、旅游营销以及旅游服务流程等方面的效率。

流数据分为"以网站为中心"的数据和"以用户为中心"的数据。"以网站为中心"的数据是指各网站所保存的交互过程的详细记录。"以用户为中心"的数据是通过跟踪用户活动来收集的流数据。相对于传统媒介，互联网媒介提供了改善测量媒介受众规模和特性的手段（Bucklin 等，2002），降低了旅游客源市场的研究成本，有效地完成了旅游客源市场的识别。

从入境游这个特殊的旅游客源市场来看，中国各省份入境旅游相对优势存在差异，这种差异在十年的演化过程中整体上呈现不断缩小的态势，差异的变化与政策以及突发事件密切相关。高相对优势基础地区的演化趋向于衰退演化，低相对优势基础地区的演化趋向于增长演化，且低相对优势基础地区发生突变演化的概率高于高相对优势基础地区，相对优势演化概率在空间上并不独立，东部区域中低相对优势基础地区的增长演化概率明显高于中西部地区，说明东部区域中低相对优势基础地区入境旅游的发展好于中西部地区（靳诚、陆玉麒、徐菁，2010）。

为了更好地分析旅游经济发展，2000 年 3 月联合国统计委员会正式批准了世界旅游组织提交的《旅游附属账户：建议的方法框架》（简称"框架"），在国民经济核算总账户下单独设立一个子系统，使旅游业成为第一个获得联合国首肯的国际性标准的产业。该子系统被称为旅游卫星账户（Tourism Satellite Account，TSA），它为政策制定者提供了旅游部门的概览，以及与其他经济部门的比较。

旅游卫星账户为各旅游发展国家提供了一种国际统一标准的计量方法，大大提高了旅游统计数据的可信度和区域间的可比性，准确全面地测度了旅游经济在整个国民经济中的地位和作用。

中国国家旅游局在中国部分省份进行了研究编制旅游卫星账户的试点工作，于 2006 年开展了"中国国家级旅游卫星账户"研究编制工作，2007

年初步编制完成"中国国家级旅游卫星账户"的部分账户表。

随着物联网、云计算、下一代通信网络、高性能信息处理、智能数据挖掘等技术在旅游中的应用，旅游资源和信息资源得到高度系统化的整合和深度开发，并服务于面向未来的全新旅游形态。这种新形态被称为"智慧旅游"。

智慧旅游把一些旅游资源进行整合，为游客量身定做适需对路的旅游活动。智慧旅游的应用体系包括应用层、网络层和感知层，其中，应用层实现智慧的旅游政务、公共服务、景区、旅行社、交通、酒店等具体行业部门；网络层通过互联网、物联网及移动通信网络为应用层提供网络服务来实现数据传输；感知层通过各类数据采集和感知技术实现数据采集和存储（李庆雷、白廷斌，2012）。

在中国，镇江市于2010年在全国率先创造性提出"智慧旅游"概念，开展"智慧旅游"项目建设。在2010年第六届海峡旅游博览会上，福建省旅游局提出了"智能旅游"的"三个一"工程：一网（海峡旅游网上超市）、一卡（海峡旅游卡及衍生物）、一线（海峡旅游呼叫热线）。

从2011年开始，南京、苏州、黄山、杭州等地纷纷开展了"智慧旅游"建设，搭建智慧旅游新平台，各显神通，让游客与网络实时互动，旅游活动进入一个新时代。

正如李庆雷、白廷斌（2012）所说："智慧旅游是旅游业转变发展方式的重要体现，是提升旅游服务质量和管理水平的中坚力量。它根植于现代都市居民生活中对科学技术的依赖和惯性，体现了现代游客对方便、快捷、安全、体验的需求，同时也有利于减少对旅游资源与环境的负面影响。"

四　外部环境的影响

在旅游资源与开发系统中，除了旅游资源、旅游区服务业、旅游交通业和旅游客源市场四个组成部分相互作用、相互影响外，外部环境对旅游资源与开发系统的影响也是深刻的。外部环境的发展变化，对旅游客源市场和旅游交通业的发展变化影响较大，对旅游区服务业和旅游资源的影响则更深入。因此，对旅游资源开发来说，应顺应旅游资源与开发系统的演化特点，维护旅游资源子系统的稳定性与完整性。

（一）文化的影响

生存环境的不同和遗传基因的变化形成了不同的人种（Fisher，1930）。三千多年前古埃及王朝西普塔一世坟墓的壁画上，用不同的颜色区分人类：埃及人涂以赤色，亚洲人涂以黄色，南方尼格罗人涂以黑色，西方人及北方人涂以白色（张文奎，1989）。语言是人类与动物相区分的最根本的标志，语言的产生使得人类可以达到相互交流的目的，并且可以通过学习这一符号系统来继承前人的经验。不同民族在自然环境上的差异影响着他们的生活方式，形成了自己的宗教信仰，例如，爱斯基摩人靠海吃海，其宗教生活中充满了渔猎崇拜；中国人男耕女织，崇拜土地神和谷神；希腊人商业活动频繁，希腊神话中就有商业神。不同民族自然环境上的差异造就了他们的文化。

美国学者塞缪尔·亨廷顿将全球现存文明分为八大类：中华文明（儒家文化）、日本文明、印度文明（印度教文化）、伊斯兰文明、西方文明（基督教文化）、拉丁美洲文明、非洲文明和东正教文明（塞缪尔·亨廷顿，1999）。文化的多样性导致旅游目的地的多选择性，而追求异质文化又是旅游者的终极目标，这就使得旅游者在选择景观时，专挑展现自己文化里所不具有的文化内蕴的景观。

露丝·本尼迪克特（1987）认为"个体生活历史首先是适应由他的社区代代相传下来的生活模式和标准。从他出生之日起，他生于其中的风俗就在造就他的经验与行为。到他能说话时，他就成了自己文化的小小创造物，而他长大成人并能参与这种文化的活动时，其文化的习惯就是他的习惯，其文化的信仰就是他的信仰，其文化的不可能亦就是他的不可能性"。例如，中国人喜欢形象思维，思维方式是整体论，西方人习惯于抽象思维，思维方式是还原论（苗东升，2001）；中国人崇尚"天人合一"，老子曰"人法地，地法天，天法道，道法自然"，西方人"以主客二分模式为根本，把外在世界作为人的对象，主体站在自然之外去冷静、客观地观察、研究、思考、分析之"（朱立元，1995）。

民族文化一旦形成，就会扎根于民族之中，成为民族凝聚力的重要因素。中国的旅游资源受中国传统文化的影响，主要是以山水、宫殿、城楼和庭院等为主体，中国人的行为，带有不同程度的封闭性，如林语堂在《中国人》中写道："孔子说：'父母在，不远游，游必有方。'于是，最佳形式的游历，亦即漫无目的，不期望达到任何特定地点的旅游，从理论上讲是不可能有的"；美国文化中，传统的东西比较少，强调个人主义，旅游资源呈现外在性特点，主要是以主题公园、游乐场所、新型旅游项目等为主体，美国人的行为，带有一定的开拓性，如美国牛仔驰骋西部。各民族文化的冲突、碰撞也会给各国旅游资源打上深刻的烙印。随着民族之间交往，不同的民族文化有了交融，相互之间不断吸收和认同。由于中国的对外开放，中国人的旅游行为也发生了变化，旅游资源的开发也就发生了变化，如新型全国重点旅游城市深圳，本来没有什么旅游资源，人为建造了"锦绣中华""中国民俗文化村""世界之窗"等景观来吸引旅游者；上海市的会展旅游也是世界文化交融的结晶。杨俭波、乔纪纲认为"旅游地在未有旅游者介入以前，是一个以自循环、自流通、超稳定为基本特征的地域空间系统。此时旅游地社会文化环境在没有（或者很少）其他外力的作用下而处于静态平衡状态。当旅游地着力于开发旅游资源、改善旅游环境后，伴随着旅游者的大量流入，旅游地社会文化环境系统便在外界各种'流'的注入下，改变了过去的平衡状态，平衡系统出现波动和紊乱。这种局面随着时间的变化会向正反两个极端发展，一旦负面效应过于剧烈，则将爆发冲突和矛盾，直到有效'流'的调控使负态发展受到规范和约束为止"。

从对旅游客源市场的影响看，旅游是社会文化发展到一定阶段后才会产生的高层次需求。20世纪50年代后期，人们关注的目标由物质转向精神，转向生活质量的全面提高，正是这种转变使旅游活动在近半个世纪逐渐被大众化、生活化和社会化，世界旅游市场规模不断扩大。社会文化发展对旅游者消费的行为和方式也产生了深刻影响，人们的"出游方式发生转变，散客人数呈上升趋势，传统包价旅游逐步让位于散客旅游"（王保伦，2001）。随着教育的普及，旅游者的文化素质日益提高，旅游活动中旅游者的审美水平、文明程度有了很大提高。

就现代技术发展来说，对于在线旅游信息搜索行为研究，Jordan 等学者通过比较比利时人和美国人的在线旅游软件资讯搜索行为发现：不同文化背景下，消费者的在线旅游信息搜索行为不同，比利时的游客通常使用"浏览"风格进行搜索且花费时间较多，而美国人则习惯于"一站式"的搜索模式（Jordan 等，2013）。

（二）经济的影响

在罗马帝国强盛时期，其疆域空前广大，秩序稳定，经济发达，全国境内修建了许多宽阔大道，海上运输也十分发达。在大道的沿线，官方或私人开设了许多旅店，国际性经商旅行十分活跃。经济的发展客观上为旅行提供了便利的物质条件和宽松的旅行环境。公元5世纪后，罗马帝国逐渐衰亡，社会秩序动荡不安，旅行的发展条件陆续消失，道路无人管理，沿途盗匪横生，旅行人数急剧下降。

中国唐朝是封建社会的鼎盛时期，经济的发展使得人们保持着乐观、积极、浪漫的精神，唐朝文人欣赏山川之美、钟情乡野风光，推出了许多山水田园旅游，产生了许多有名的田园山水诗人。唐朝国际旅游也兴旺，当时长安成为亚洲经济文化交流的中心、世界性大都市，除了亚洲的日本、朝鲜、印度、菲律宾等国家外，唐朝还与欧洲、非洲往来活跃，旅游活动丰富多彩。

工业革命给欧洲资本主义国家带来了巨大的经济发展，带动了欧洲交通的发展，也促进了社会的繁荣。欧洲产业工人要求休假的斗争使他们赢得了在某些传统节日带薪休假的权利，为更多的人出游提供了机会和物质基础。工业革命促进了欧洲经济的大发展，给大众旅游带来了生机。

第二次世界大战后，发达国家的经济得到了迅猛发展。以1998年美国的国际旅游为例，当年美国社会安定，生活质量明显提高，有效地带动了旅游业的强劲发展，其国际旅游外汇收入占世界旅游市场的份额为16.7%（见表4-2），这足以说明，经济发展对旅游发展有重大的影响。

表4-2 世界旅游外汇收入排前的国家和地区

名 次		国家和地区	1998年旅游外汇收入（亿美元）	同比增长（%）	占世界份额（%）
1995年	1998年				
1	1	美国	74.240	1.3	16.7
2	2	意大利	30.427	2.4	6.8
3	3	法国	29.700	6.0	6.7
4	4	西班牙	29.585	11.0	6.7
5	5	英国	21.295	6.3	4.8
6	6	德国	16.840	2.0	3.8
10	7	中国	12.500	3.5	2.8
7	8	奥地利	12.164	-1.8	2.7
12	9	加拿大	9.133	4.1	2.1
13	10	澳大利亚	8.575	-5.0	1.9
15	11	波兰	8.400	-3.2	1.9
21	12	土耳其	8.300	2.6	1.9
9	13	瑞士	8.208	3.9	1.8
17	14	墨西哥	7.850	3.4	1.8
8	15	中国香港	7.114	-23.0	1.6

资料来源：世界旅游组织，1998年世界旅游发展报告。

从1978年开始，中国进行了改革开放，经过多年的发展，经济开始步入快速增长的轨道，人民群众的生活水平普遍得到了提高，极大地促进了中国旅游业的发展。在此期间，全球经济继续保持稳步发展，也有力地推动了世界旅游业的发展。以2000年为例，"全球国际旅游者人数为6.89亿人次，新增旅游者5000万人次，比上年增长7.4%，远高于1999年3.8%的增长率，创下了10年国际旅游人数的最高增长率；国际旅游收入为4760亿美元，比上年增长4.5%，实现平均每天13亿美元的国际旅游收入；国际旅游交通费用为970亿美元"（匡林，2002）。

"国家越富有，休闲时间就越多，人的文明程度越高。在马克思看来，'真正的经济——节约——是劳动时间的节约。而这种节约就等于发展生产力'"（马惠娣，2002）。我们从2020年世界十大旅游国家和地区预测的情况（见表4-3）可以看出，经济发展强劲的国家和地区，旅游发展潜力更大。

表4－3　2020年世界十大旅游国家和地区预测

国家和地区	接待旅游者人数（万人次）	占世界市场份额（%）	1995~2020年增长率（%）
1. 中国	13710	8.6	8.0
2. 美国	10240	6.4	3.5
3. 法国	9330	5.8	1.8
4. 西班牙	7100	4.4	2.4
5. 中国香港	5930	3.7	7.3
6. 意大利	5290	3.3	2.2
7. 英国	5280	3.3	3.0
8. 墨西哥	4980	3.1	3.6
9. 俄罗斯	4710	2.9	6.7
10. 捷克	4400	2.7	4.0
总　　数	70970	44.2	—

资料来源：魏小安等《中国旅游业新世纪发展大趋势》，广东旅游出版社，1999。

（三）政策的影响

政策对旅游的影响是非常深刻的。人类历史早期有名的几次旅游活动都与政治有关，如哥伦布环球航行、麦哲伦发现新大陆、徐福东渡、张骞出使西域、郑和下西洋等。

在中国古代，旅游具有明显的阶级性，封建贵族、文人和官宦的旅游构成中国古代旅游的主要部分，广大劳动者的旅游痕迹十分浅淡。中国古代的嫡长子继承制、分邦建国制、宗庙祭祀制等宗法制度奠定了血亲伦理道德的基础，血亲意识使旅游活动被局限在很小的范围内进行。中国古代统治者严禁人们随意迁徙旅游，如西周时期的旅人关卡制、战国时期的商鞅下令固定农户不得迁徙等，导致旅游活动不可能广泛开展。

1855年，托马斯·库克第一次用"包价旅游"的方式组织旅行团赴欧洲大陆参加当年的巴黎博览会（Holloway，1985），此后形成的旅行社制度，对大众旅游的发展起到了非常大的作用，很快就成为各国旅游普遍采用的制度。

第一次世界大战后，一些欧洲国家在有关的法律与规章中规定了劳动者享有带薪休假的权利，带薪假期制度的确立，改变了劳动者的状况，这意味着劳动者可以通过闲暇消遣来寻求自我表现，发挥创造性和个性。第二次世界大战曾经一度使国际旅游陷入停滞，但不久它就得到恢复，国内旅游和国际旅游分别主要在社会主义和资本主义两个阵营内部开展。Kaul（1985）指出，"政治的稳定、国家间关系的改善和世界和平加速了旅游的发展。世界旅行就是国际合作的一种根本性表述"。

1978年后，中国一系列改革开放政策极大地促进了中国经济的发展，也推动了中国旅游业的迅速发展。1978年，中共中央批转了《关于发展旅游事业的请示报告》，明确了中国旅行游览事业管理局为直属国务院的管理总局和各省区市成立旅游局负责管理地方的旅游事业，同年，新的旅游行政管理体制得以建立。1985年，国务院批转了国家旅游局《关于当前旅游业体制改革几个问题的报告》，明确了国内旅游的地位——"搞好国内旅游，可以回笼货币，增加就业，促进社会主义物质文明和精神文明建设"。1986年，国家"七五"计划确认了"要大力发展旅游业，增加外汇收入，促进各国人民之间的友好往来"的目标。1988年，国务院批准成立黄山市，统管黄山风景区，为全国各地旅游景区，尤其是那些管理体制不顺的景区的统一管理提供了范例，国家旅游局于同年发布了《旅行社管理暂行条例实施办法》和《中华人民共和国评定旅游（涉外）饭店星级的规定》，使旅行社和饭店业迈出了行业标准化管理的第一步，促使旅行社和饭店管理很快具备国际水平。1992年，国务院《关于加快发展第三产业的决定》进一步明确了旅游业是第三产业发展的重点。1993年，国务院办公厅批转国家旅游局《关于积极发展国内旅游业的意见》并成立中国国内旅游协会。1995年，国务院决定中国职工实行每周5日工作制，这是与世界发达国家每周40小时工作制接轨的一项重要措施。1999年，国务院出台了《全国年节及纪念日放假办法》，根据这一放假办法，"春节""五一""十一"这三个节日成为中国的"旅游黄金周"，中国国内旅游产生了全国出游高潮。2001年，国务院《关于进一步加快旅游业发展的通知》重申改革开放以来旅游业"在促进对外开放，推动国民经济增长，增加就业和消除贫困，提高人民生活质量等方面发挥了重要作用"，提出要"树立大旅游观念"，"进一步发挥旅游业作为国民经济新的增长点的作用"。中国一系列的旅游政策，促使中国旅游业在短期内得到了迅猛发展。

（四）技术的影响

从氏族经济、奴隶主经济到封建主经济，它们都是地理空间有限的区域经济，其主导方面是封闭的，近代资本主义经济在实质上开始了经济发展的全球化过程。资本主义经济的工艺方式、技术水平的巨大发展，导致资本主义经济冲破了自身的民族地理空间界限，向其他民族地理空间，特别是向欠发达国家的地理空间扩张。20世纪后，知识经济中信息技术、网络技术的飞速发展，给全球带来了日益增多的共同利益与共同问题，把世界各民族越来越紧密地联系在一起，促使各民族交往更加频繁，加速了旅游业的发展。

新的交通技术的应用，可以使目的地和客源地之间的旅游交通成本下降，节约旅游者的时间和体力，提高目的地的可进入性，使得旅游容量增大。从历史上看，铁路、航空、高速公路和信息技术的发展为大众旅游的产生奠定了重要的基础，扩大了旅游者的出游半径和旅游客源市场的范围。

以微电子技术为主导的智能化技术，为旅游区服务业的发展注入了新的力量，从20世纪90年代中期起，微电子技术和计算机技术的广泛应用，"使得消费者有能力以低成本获得大量的产品信息，从而改变了产品与服务的传统分销渠道"（杜江、戴斌、蒋齐康等，2002）。在欧美等发达国家和地区，"信息技术的普及和推广，特别是全球分销系统（GDS）的扩张给旅行社带来了一定的冲击"（杜江，2002）。

信息技术的应用、普及与推广，使得旅行社的咨询服务功能将被网络的自动查询功能所替代；旅行社旅游产品的推销模式和手段已被网络营销方式所替代；饭店内部管理模式和营销已被改变，从以产品质量为中心的商务管理模式，向以游客满意度为中心的商务管理模式转变，饭店有针对性地提供个性化的服务，变"被动营销"为"主动营销"。网络正在消除公司内部、公司之间、国家内部、国家之间的界限，网络的发展将大大带动国际客源市场的开发。

随着网络技术的不断发展，分时度假（timeshare，最初是指人们在度假地购买房产时，只购买部分时段产权，几户人家共同拥有一处房产，共同维护。后来其逐渐演变成每户人家在每年拥有某一时间段的度假地房产使用权，并且可以通过交换系统对不同房产的使用权进行交换）和产权酒店将成为世界旅游消费的新潮流。

移动互联网技术催生新的旅游服务形式。移动互联网技术在旅游中的应用，成为继传统旅行社服务、网络旅游服务之后的第三种新型旅游服务形式。移动互联网服务可以涵盖旅游六大要素，为游客提供信息化服务，它加快了旅游企业信息化建设，同时也将造就一批专业的移动互联网旅游服务商。

移动互联网技术还拓宽了传统旅游营销渠道，形成新的旅游移动互联网营销体系，使得嵌入式营销和位置营销成为重要的营销方式。而旅游移动互联网营销促进了旅游企业与移动通信运营商、手机厂商、软件开发商等旅游业以外的企业进行合作。移动互联网技术通过手机确定游客当前的位置，利用数字地图提供餐饮、住宿、娱乐、景点等信息，或者发送诸如餐厅打折、免费参观等信息，使游客具有很大的自主性，推动自助旅游的迅速发展。

五 演化机制

旅游资源与开发系统演化是一个复杂的过程。总的来说，它与人类生存和发展的需求不断升级有关。人类旅游需求的升级刺激着旅游资源与开发系统状态的深刻变化，而人类旅游需求的升级与人类的技术革命息息相关。旅游资源与开发系统中旅游需求与供给的矛盾促进了旅游资源与开发系统的演化进程。

从旅游资源与开发系统四个组成部分的不同层次切入，在某种正反馈环的放大作用下，一系列影响因素相互作用不断放大了旅游量，旅游量不断地显著上升，直到触及或突破旅游承载力的阈值，就出现了可持续发展的需求，抑制着旅游需求的进一步放大。正是这种正、负反馈环对旅游资

源与开发系统的"促进"和"抑制"作用，推动了旅游资源与开发系统的
不断演化。

杨春宇、黄震方、毛卫东（2009）在《基于系统科学的旅游地演化机
制及规律性初探》中提出了一种系统演化负反馈调节机制（见图4-1）。

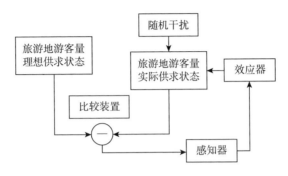

图4-1　系统演化负反馈调节机制

自然经济时期由于少量游客（探险型）具有旅游需求，旅游资源与开
发系统中旅游客源市场非常小，旅游交通业和旅游区服务业的规模可以忽
略不计，旅游资源处于未开发状态，在几乎没有任何旅游供给的基础上开
始了其生命周期的初始发展阶段。随着少数具有商业意识的当地居民开始
为陆续到来的游客提供其需要的简单食宿，当地旅游资源的知名度才逐步
扩大，旅游需求长期缓慢地增长。

到了商品经济时期，旅游资源地的旅游者开始在短期内快速增加，然
后旅游资源也呈现供不应求的状态，这时旅游业处于快速增长阶段，就业
大大增加，大量外来投资进入，旅游开发不断升温，旅游供求关系达到一
种动态的、理想的平衡状态。进一步发展下去，旅游供给不断扩大，旅游
资源同质化逐步产生，旅游产品雷同现象开始严重，特别是过度开发利用
造成对旅游资源的损害，旅游目的地拥挤不堪，环境污染严重、旅游质量
下降等问题凸显，超过了旅游地承载力，旅游地的旅游业进入了衰退阶段。
这时旅游供给过剩，旅游需求下降，旅游产品价格下降，旅游企业利润减
少，部分旅游人员失业，当地旅游收入亦不断地减少，投资方开始减少或
撤出投资，使得当地旅游经济发展进入萧条阶段。大量的旅游设施闲置、
旅游企业亏损甚至倒闭，旅游目的地此时便面临着或是衰落或是复苏的选

择。系统演化将产生分岔点。

服务经济时期的科技发展，刺激了更高级别的旅游需求的产生，一些旅游资源与开发系统进一步向前演化，另一些则死亡或被兼并，旅游六要素从传统六要素吃、住、行、游、购、娱向新六要素资源、环境、文化、科技、闲暇、金钱转变（王昆欣，2005）。这一时期，经营对象、经营内容、经营方法等不断地推陈出新，由此衍生出种类繁多的新型业态。这些新型业态既有创新内容，也有革新和更新的成分，其表现形态丰富多样（杨玲玲、魏小安，2009）。

旅游资源与开发系统演化状态如图4-2所示。

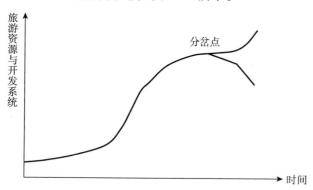

图4-2　旅游资源与开发系统演化状态

参考文献

钱学森等：《论系统工程（增订本）》，湖南科技出版社，1988。

杨桂华、陶犁：《旅游资源学》，云南大学出版社，1999。

汪宇明、钱磊、吴文佳：《旅游资源新论——基于游憩需求变化与技术进步的视角》，《旅游科学》2010年第1期。

靳诚、陆玉麒、徐菁：《1995年来中国省际入境旅游相对优势演化的空间特征分析》，《人文地理》2010年第1期。

李庆雷、白廷斌：《四川师范大学学报》（社会科学版）2012年第5期。

张文奎：《人文地理学概论》，东北师范大学出版社，1989。

〔美〕塞缪尔·亨廷顿：《文明的冲突与世界秩序的重建》，周琪等译，新华出版社，1999。

〔美〕露丝·本尼迪克特：《文化模式》，王炜等译，华夏出版社，1987。

苗东升：《系统科学是关于整体涌现性的科学》，载许国志主编《系统科学与工程研究》，上海科技教育出版社，2001。

《老子·二十五章》，上海古籍出版社，1995。

朱立元：《中西古代艺术类型差异之文化探源》，《上海文化》1995 年第 5 期。

林语堂：《中国人》，学林出版社，1994。

杨俭波、乔纪纲：《动因机制——对旅游地社会文化环境变迁理论的研究》，《热带地理》2003 年第 3 期。

王保伦：《我国旅游酒店组织结构再造研究》，《旅游学刊》2001 年第 6 期。

匡林：《中国入境旅游发展的分析与预测》，载张广瑞等主编《2000～2002 年中国旅游发展分析与预测》，社会科学文献出版社，2002。

马惠娣：《未来 10 年中国休闲旅游业发展前景盼望》，《齐鲁学刊》2002 年第 2 期。

魏小安等：《中国旅游业新世纪发展大趋势》，广东旅游出版社，1999。

杜江、戴斌、蒋齐康等：《中国旅行社业发展现状与发展对策研究》，《旅游学刊》2002 年第 1 期。

杜江：《中国旅行社业的现状分析与未来发展》，载张广瑞等主编《2000～2002 年中国旅游发展分析与预测》，社会科学文献出版社，2002。

杨春宇、黄震方、毛卫东：《基于系统科学的旅游地演化机制及规律性初探》，《旅游学刊》2009 年第 3 期。

王昆欣：《试论旅游活动"新六要素"》，《旅游科学》2005 年第 6 期。

杨玲玲、魏小安：《旅游新业态的"新"意探析》，《资源与产业》2009 年第 6 期。

Urry, J., *The Tourist Gaze*, London：Sage, 1990.

Smyth, M., *Away from It All*, Toronto, 1990.

Bucklin R. E., Lattin J. M., Ansari A., et al., "Choice Expener Red the Internet：From Clickstream to Research Stream", *Marketing Letters* (3) 2002.

R. A. Fisher, *The Genetical Theory of Natural Selection*, Oxford：Clarendon, 1930.

Jordan E. J., Norman W. C., Vogt C. A., "A Cross-cultural Comparison of Travel Infonnation Search Behaviors", *Tourism Management Perspectives* (6) 2013.

Holloway, J. C., *The Business of Tourism*, 2nd Edition, Macdonald & Ewans Ltd., 1985.

Kaul, R. N., *Dynamics of Tourism*, Vol. 1, New Delhi：Sterling Publishing Co., 1985.

第五章 旅游吸引力与体验价值

根据对旅游资源与开发系统组成和结构的分析，旅游资源子系统是旅游资源与开发系统的核心，它是旅游发展的源泉与基础。在旅游资源与开发系统的形成与发展的演化过程中，旅游资源子系统在不断延伸，旅游区服务业和旅游交通业不断发展，旅游客源市场也在不断扩大，由旅游资源与开发系统所产生的经济效益和社会效益也就不断增加。"旅游无论在经济意义上还是社会意义上都显得愈发重要。无论用哪一种经济指标（总产出、附加值、资本投资、就业和税收贡献）来衡量，旅游都是世界上最大的产业。"（WTTC，1996）这种演化的结果，人们认为是旅游吸引力导致的：无吸引便无旅游。

旅游资源及围绕它的旅游区服务业和旅游交通业，能够提供满足人类生存发展和享受所需要的物质性商品和舒适性服务。反映在"人与物之间关系"上的旅游资源价值表现为体验价值，它体现在作为主体的人的需要和作为客体的旅游资源及其环境的关系上。更一般地说，旅游资源价值内容表达了一种人类社会中日渐重要的主客体关系，即旅游资源及其环境的存在、属性和变化同人们不断增长的需要之间的关系。

一 旅游吸引力

旅游目的地核心的东西就是旅游吸引力。某地能否成为旅游目的地，关键是看它对本地、周边以及更远的居民能否产生吸引力，让他们产生旅游动机，成为现实的旅游者。旅游吸引力似乎是一个不言而喻的东西，"在英文中，旅游资源（tourist resources）就被称作旅游吸引物（tourist attractions）"（保继刚等，1993），旅游吸引力"实质上是目的地系统与客源地系统的共同作用所产生的朝向目的地方向的力"（车裕斌，2001）。

（一）旅游吸引力的本质

在过去的研究中，旅游吸引力概念都是与旅游吸引物紧紧联系在一起的，对旅游者性质与变化是较少考虑的，即使考虑也因为旅游者性质太复杂而不得不略去。实际上，我们发现有许多种类的旅游并非旅游吸引力导致的，例如走亲访友、交流访问、公务出行、打工、求学等。而衡量旅游吸引力的大小，以往的研究中往往用客流量来表示。但是我们认为，不能以为没有客流就没有吸引力，从前一章旅游资源与开发系统的演化进程来看，许多旅游资源自古就存在，其所在地的客流量在古代却很小，另一个例子是中国的神话"嫦娥奔月"，对人们有极强的吸引力，但是今天的太空旅游还只是极个别的人体验过的。因此，客流量并不能反映旅游吸引力的本质。

我们认为，旅游吸引力的本质是旅游资源子系统与旅游客源市场之间在自然、经济、文化等方面的差异。这些差异相互作用，就表现为目的地对旅游客源市场的旅游吸引力。这种差异越大，旅游吸引力就可能越大，旅游流的规模也相应越大。如果旅游客源地和目的地之间不存在差异，或者差异非常小，目的地就很难产生旅游吸引力。

一个人的行为由他的动机推动，动机的产生和发生作用是内驱力和诱因共同作用的结果。内驱力是在需求的基础上产生的，而诱因则是能使个体需求满足的刺激物（J. W. Atkinson，1964）。人们出游的动机对人们的旅游行为具有明显的预示作用，其内驱力来自健康、文化、交际、地位、声望、求实、求新、求奇、求美、求知、访古、探亲、寻祖等需要，刺激物可能是旅游景观、旅游商业环境、社会政治环境、个人社交环境、个人的经济状况、个人闲暇时间等因素。

田中喜一（1950）列举了4种旅游动机，John A. Thomas 于1964年列举了 18 种旅游动机（见表 5 - 1），Robert W. Mclntosh 和 S. Goeldner（1984）列举了 4 种旅游动机，Lioyd E. Hudman 列举了 8 种旅游动机。

综合以上旅游动机分析，笔者认为旅游吸引力就是人们对挑战、冒险之渴望，或对满足自尊、被承认的期望，或对逃避现实、消除压力的欲望等内在"推力"与独特的旅游景观、新奇的旅游活动项目、优质的旅游设施和旅游服务等外在"拉力"共同形成合力的结果。因此，我们认为，在对旅游吸引力的分析中，仅仅从旅游资源子系统考察其结构是不够的，还需要对旅游客源市场的结构进行考虑。

表 5 - 1　John A. Thomas 所列举的旅游动机

（1）观察别的国家的人民是怎样生活、工作和娱乐的

（2）浏览特别的风景名胜

（3）更多地了解新鲜事物

（4）参加一些特殊活动

（5）摆脱每天的例行公事

（6）过一下轻松愉快的生活

（7）体验某种异性或浪漫生活

（8）访问自己的出生地

（9）到家属或朋友曾经去过的地方

（10）气候（例如为了避寒）

（11）健康（需要阳光、干燥的气候等）

（12）体育活动（去游泳、滑冰、钓鱼或航海）

（13）经济方面（低廉的费用开支）

（14）冒险活动（到新地方去，接触新朋友，获得新经历）

（15）获得一种胜人一筹的本事

（16）适应性（不落人后）

（17）考察历史（古代庙宇遗迹、现代历史）

（18）了解世界的愿望

资料来源：John A. Thomas，*What Drives People to Travel*，1964。

（二）旅游吸引力形成机理

从表面上看，旅游资源价值与旅游吸引力呈正相关，人们往往将许多旅游事物或旅游现象与其吸引力联系起来，认为旅游目的地的旅游吸引力大就意味着旅游人数多。但它是一个使用较多又很模糊的概念。究竟什么是旅游吸引力、为何会产生旅游吸引力等问题都缺乏深入而广泛的讨论。

旅游吸引力是旅游资源与开发系统研究中的一个重要概念，也是旅游活动发生和发展的基础，它影响旅游流的空间分布与变动，进而影响旅游发展的方向和进程。

我们在这里暂不考虑按地理空间范围、社会经济状况进行的旅游客源市场细分，而只考虑按旅游者的心理因素进行的市场细分。其目的是讨论各类不同人群的旅游"推力"的大小。

1971 年，S. C. Plog 通过以数千美国人为调查样本，对他们的个性心理特点进行了研究，他把人的个性心理类型划分为 5 类：依赖型（自我中心型）、近依赖型（近自我中心型）、中间型、近冒险型（近多中心型）和冒险型（多中心型）。Plog 认为，冒险型的人在他的小圈子里是有头脑的领导者，这些人的显著特点是具有冒险精神且喜欢不断寻求新刺激，包括旅游体验。他们大多愿意乘飞机旅行，喜欢不断寻找新的旅游点，不愿故地重游，不需要太多豪华旅馆、餐馆等设施就会高兴，他们喜欢到处搜罗购买地方手工艺品，对当地经济仍有很大推动作用，回来后大谈旅游见闻时，就会影响到其他人，使其也去那儿旅游。依赖型的人都是追随者，他们的特征是缺乏主见，因而生活大多是波澜不惊，缺少恐惧、焦虑的体验，喜欢选择安全与舒适。他们出游最喜欢的地方多半是温暖的、充满阳光的、好玩儿的地方，特别是海滨地区，一旦"发现"一个喜欢的目的地，可能不会去寻找新的旅游地，他们不那么频繁出游，不会在一个地方待很久，旅途中的花费也很少，依赖型的人根本无法影响冒险型的人。二者的个性心理区分见表 5 - 2。

表 5 - 2　冒险型与依赖型的人的个性心理

冒险型	依赖型
选择非旅游地区	选择熟悉的旅游目的地
喜欢在别人来到该地区前享受获得新鲜经验和发现新事物的喜悦	喜欢旅游目的地的一般活动
喜欢新奇的、不寻常的旅游场所	选择日光浴和游乐场所，包括相当程度的无拘无束的休息
活动量大	活动量小
喜欢坐飞机去旅游目的地	喜欢去能驱车前往的旅游点

续表

冒险型	依赖型
只要一般或较好的旅馆和伙食，不一定要现代化的大型旅馆，不喜欢专门吸引旅游者的商店	喜欢正规的旅游设施，例如设备齐全的旅馆、家庭式的饭店以及旅游商店
愿意会见和接触具有他们所不熟悉的文化或外国文化背景的居民	喜欢家庭的气氛、熟悉的娱乐活动，不喜欢外国的气氛
旅游的安排只包括最基本的项目，留有较大的余地，具有灵活性	要准备齐全的旅行行装，全部日程都要事前安排妥当

资料来源：S. C. Plog, "Vacation Places Rated", *Fielding Worldwide* 1988。

在人口分布中，各种类型呈正态分布，冒险型占 3.5%，依赖型占 2.5%，比例比较小，人数再多一些的是近冒险型和近依赖型，各占 17%，而大多数人属于中间型，约占总人口的 60%，中间型可能会有向左或向右的转变（见图 5 -1）。

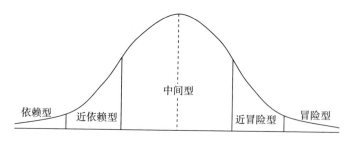

图 5 -1 Plog 心理细分分布

中国社会科学院陆学艺领导的研究小组在撰写的《当代中国社会阶层研究报告》中，将中国人口划分成五大社会等级、十大社会阶层（徐汎，2004），人数最多的前 3 位分别是农业劳动者阶层（44%）、产业工人阶层（22.6%）、商业服务业员工阶层（12%）（见图 5 -2）。

我们认为，这种旅游客源市场细分，对旅游吸引力研究有重要意义。每一类旅游者（第 i 类），由于他们的心理特征可以被认为是基本一致的，他们对某类旅游资源（第 j 类）的认知（在个体环境中对某个对象的看法与评价）程度基本上也是相同的，因而可以认为他们出游的概率（旅游期望）基本上是相同的，我们就可以用旅游者出游的概率 P_{ij} 来衡量某类旅游资源对某类旅游者的旅游吸引力强度。

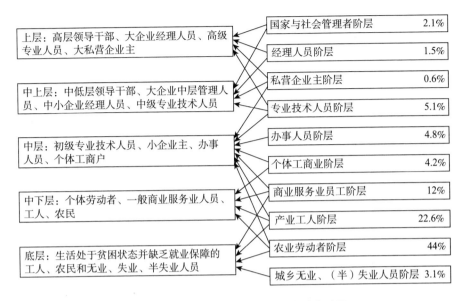

图 5－2　中国 5 大社会等级、十大社会阶层

资料来源：转引自徐汎《中国旅游市场概论》。

通过上面的分析，我们可以得到一个旅游吸引力的形成机理（见图 5－3）。

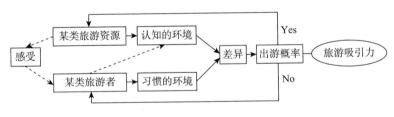

图 5－3　旅游吸引力形成机理

图 5－3 中的感受，即旅游体验。高质量的旅游体验达到或超过旅游者的预期，差异增大，下次出游的概率增大；低质量的旅游体验达不到旅游者的预期，差异缩小，下次出游的概率减小。

二　其他作用力

在旅游资源与开发系统中，并不只存在旅游吸引力，还存在着许多其他的作用力。在这些作用力中，有一些推动旅游的实现，另一些阻碍旅游的实现。从旅游资源与开发系统的演化过程来看，第一个出现的作用力就是由距离产生的作用力，它来自大自然，是一个阻力，正如我们前面指出的那样，如果没有这个阻力，"嫦娥奔月"就能成行；第二个作用力由交通产生，它是一个推动力；然后是由季节因素产生的作用力，由旅游区服务产生的推力，由经济收入与闲暇时间产生的作用力，由政策、制度、营销产生的作用力，其他旅游目的地的竞争阻力，等等。

以下就部分其他作用力进行阐述。

（一）距离阻力与交通推力

目的地与旅游客源地之间的旅游供需相互作用，随着距离的增加而减小。这就是距离衰减原理。这一原理是德国经济学家 Von Thünen 在 1826 年对农业区位进行研究时得出的，其计算的原始形式为（陆大道，1991）：

$$L_i = P - C - rd_i$$

式中 L_i 为单位产品纯收入，P 为单位产品售价，C 为单位产品成本，r 为运费率，d_i 为销售距离。后来这一原理被推广到空间研究的各个领域。

人们喜欢用距离的倒数或倒数的 α 次方，或广义距离来描述距离的阻力。但是，我们不用绝对数据来衡量，而用路费与旅游者可支配收入之比这个相对数据来衡量距离阻力的强度：

$$D_{ij} = \begin{cases} \lambda_{ij} d_{ij} / R_i, & \lambda_{ij} d_{ij} < R_i \\ 1, & \lambda_{ij} d_{ij} \geq R_i \end{cases}$$

式中 D_{ij} 为第 i 类旅游者到目的地 j 的距离阻力的强度，λ_{ij} 为单位路程的费用，d_{ij} 为 i 到 j 的距离，R_i 为第 i 类旅游者的可支配收入。

如果没有交通系统，只能像古代人那样，靠自身的体力强度来衡量出行的可能性，但是对于现代人来说，如果没有交通系统，即使距离不远和有很多的可支配收入，出游仍然难以成行，因为在他们的头脑中已经存在对良好交通的期望。旅游交通子系统的运行状态（主要是技术含量和管理水平的高低）决定了旅游者从旅游客源地到旅游目的地这段时间的满意程度。技术含量和管理水平越高，旅游者得到的效用就越高。同样的距离不同的交通方式旅游者所得到的感受是不一样的，同样的距离同样的交通方式但不同的路况或不同的管理水平旅游者所得到的感受也是不一样的。旅游者会根据经验和自己所处的社会环境对目的地的交通运行状况进行评价，得到一个期望值。

因此，客源地居民会根据自己对旅游交通子系统的认知来拒绝或选择某种交通方式及某级别的管理来完成他的使命。我们假定交通子系统是可以被划分级别的，其有 m 级，某类旅游者（第 i 类）选择 k 级别交通方式的概率为 q_{ik}，q_{ik} 满足：

$$\sum_{k=1}^{m} q_{ik} = 1, \quad q_{ik} \geq 0$$

据此，我们可以求得第 i 类旅游者到目的地 j 由交通子系统产生的推力强度：

$$J_{ij} = \sum_{k=1}^{m} q_{ik} \chi(i,k,j)$$

式中 J_{ij} 为第 i 类旅游者到目的地 j 的交通推力的强度，$\chi(i,k,j)$ 为特征函数：

$$\chi(i,k,j) = \begin{cases} 1, & k \in 连接 i 与 j 的交通方式 \\ 0, & k \notin 连接 i 与 j 的交通方式 \end{cases}$$

通过上面的分析可知，旅游交通子系统可以改变旅游目的地和客源地空间相互作用的强度，进而改变旅游流的大小，是影响旅游活动的独立变量。如果不考虑其他子系统的作用和影响，旅游资源子系统、旅游交通业与旅游客源市场三者的作用同时决定了旅游流的大小，即旅游资源与开发系统中旅游流的大小是三个部分共同作用的结果。

（二）季节因素的作用

旅游活动是一个对季节因素敏感的活动，许多旅游项目都强烈地依赖季节，如滑雪、赏花、避暑、避寒等。旅游的季节性包括两个方面。一是旅游目的地旅游资源条件、气候条件的差异而产生的季节性变化。例如，洛阳的牡丹花会在 4 月中旬观赏最好，黄山的云海和瀑布只在夏季多雨的时候才有，北京香山的红叶在深秋才能看到，哈尔滨的冰雕、吉林的树挂只能在入冬时才能产生，而有些景观像钱塘江大潮的观赏时间只有短短几日。二是旅游客源地游客的出游目的和带薪假期等闲暇时间分布不均带来的季节性变化。例如，20 世纪 70 年代中期以前，世界主要国际旅游客源国从业人员带薪假期每年只有一次，多数国家的这种假期集中分布在 7、8 月份，大量游客集中在这段时间出游，中国当今的情况也是如此，人们在"春节""五一""十一"三个长假集中出游已成为习惯。

对于一些依赖自然旅游资源的旅游目的地，旅游接待量的季节性波动会比较大，在旅游淡季，游客十分稀少，景区甚至停业；遇上比较长的公共假期，旅游活动又会特别集中。在英国，每年 7 ~ 9 月份出游者约占 45%，4 ~ 6 月份约占 28%，11 ~ 12 月份约占 15%，1 ~ 3 月份约占 12%（Kotler，1994）。在中国，2003 年的公休假日有 114 天，占全年的 31.2%，2001 年、2002 年两年的三个"黄金周"客流量分别占全年的 23.34% 和 24.9%（国家旅游局，2003）。

对于旅游目的地接待量的季节变动，无论是由旅游目的地自然条件、气候条件的差异，还是由旅游者闲暇时间分布的不同造成的，我们用一个季节因子 S_t 来反映季节的变化程度：

$$S_t = \frac{各年同日(月或季)的平均值}{总平均值} \times 100\%$$

式中 S_t 的值可能小于 1，也可能大于 1，如果要消除长期趋势的影响，可以用指数平滑平均来剔除季节性的影响，如 Winter 线性与季节指数平滑方法（冯文权，1994）：

$$a_t = \alpha \frac{x_t}{S_{t-L}} + (1-\alpha)(a_{t-1} + b_{t-1})$$

$$b_t = \gamma(a_t - a_{t-1}) + (1-\gamma)b_{t-1}$$

$$S_t = \beta \frac{x_t}{a_t} + (1-\beta)S_{t-L}$$

$$F_{t+\tau} = (a_t + b_t\tau)S_{t-L+\tau}$$

前三个式子分别是总体平滑公式、趋势平滑公式和季节平滑公式，最后一个式子是预测方程；式中 α，β，γ 是三个平滑常数，a_t 是平滑值，x_t 是序列实际值，b_t 是趋势分量，S_t 是季节因子，L 是季节长度，$F_{t+\tau}$ 是超前 τ 期预测值。

（三）旅游区服务推力

旅游区服务业与旅游交通业不同，旅游者前往某一旅游目的地一旦选择了某种交通方式，就不可能同时选择另一种交通方式，但旅游者在旅游目的地可以同时享受多种服务。

旅游活动的全过程包括行、游、食、宿、购、娱、通信等各类服务。旅游区服务业包括围绕着旅游地资源而发展的食、宿、导游、娱乐等服务媒介，也包括一部分旅游区内为方便"行"所配套的设施，例如缆车、船筏、循环游览车，还包括旅游相关信息与指导。如何鉴定某种服务对旅游者出游有推动作用是非常复杂的。理论上，对每一种服务都可以规定级别，我们可以根据它们的级别来进行讨论。

假设旅游区服务业共有 k 种服务，每种服务有若干规定的级别，不妨假设分别为 n_1，n_2，$\cdots$，n_k 种服务级别，则这些服务共有 $n = n_1 n_2 \cdots n_k$ 种服务组合。又假设第 i 类旅游者选择第 l 种服务组合的概率为 r_{il}，r_{il} 满足：

$$\sum_{l=1}^{n} r_{il} = 1, \quad r_{il} \geq 0$$

则我们可以求得第 i 类旅游者到目的地 j 由旅游区服务业子系统产生的推力强度：

$$H_{ij} = \sum_{l=1}^{n} r_{il} \chi(i,l,j)$$

式中 H_{ij} 为第 i 类旅游者到目的地 j 由旅游区服务业产生的推力的强度，$\chi(i,l,j)$ 为特征函数：

$$\chi(i,l,j) = \begin{cases} 1, & \text{旅游区 } j \text{ 提供第 } l \text{ 种服务组合} \\ 0, & \text{旅游区 } j \text{ 不提供第 } l \text{ 种服务组合} \end{cases}$$

值得强调的是，自从旅游区服务业渐渐发展起来，旅游资源与开发系统中旅游资源、旅游区服务业、旅游交通业与旅游客源市场四部分的作用更加复杂。某类旅游者可能专门针对某旅游区服务业而来。例如，位于法国南部"蓝色海岸边"的摩纳哥，每年吸引了许多旅游者，除了因为它的绚丽风光外，还由于它的首都蒙特卡洛是欧洲著名的赌城。

（四）经济收入与闲暇时间的作用

即使有了具有非常吸引人的旅游资源、很好的交通条件、很好的旅游服务和旅游动机，如果没有经济收入和闲暇时间，对于现代人来说，他们仍没法去旅游。人们可支配收入的提高、闲暇时间的增多是产生旅游需求的重要的客观条件。

人们的可支配收入的用途可分为三大块：一是用于正常的衣、食、住、行等的生活消费开支；二是用于教育、医疗、保险等的社会必要消费开支；三是其他消费开支，人们可以根据实际的需要或者把它存入银行，或者用于美容，或者用于旅游。一般来说，在人们可支配收入一定的条件下，人们用于衣、食、住、行及其他方面的支出比例基本保持不变。但是，随着人们可支配收入的增加，人们用于衣、食、住、行等生活消费方面的支出就会相对减少，而用于其他方面的消费支出则会相对增加，其中包括旅游消费支出。根据专家分析，恩格尔系数在50%以下就具备国内旅游条件，在30%以下则具备出国旅游条件。

旅游活动的异地区域固定性，决定了旅游者旅游必须以一段较长的连续性闲暇时间为前提。随着现代社会的发展，劳动生产率不断提高，人们用于工作的时间相对减少，用于休息、锻炼、享受等的时间则相对增多。有的国家或地区年休假日高达140天，超过全年三分之一的时间，人们不但有时间到郊区度假，享受周末，而且还有时间到世界各地观光、游览、探新求异，远程旅游和国际旅游的比例逐渐增加，旅游的方式和内容也日趋多样。自从劳动者被赋予带薪休假的权利以来，旅游从有闲阶层的有限范围扩至社会经济生活的普遍范围，旅游便有了广泛性。

我们可以通过恩格尔系数来衡量经济收入对旅游的推力强度：

$$E_{ij} = \beta_{ij}(1 - F_{ij})$$

$$F_{ij} = \begin{cases} \dfrac{\lambda_{ij}d_{ij} + f_j}{R_i(1 - g_i)}, & \lambda_{ij}d_{ij} + f_j < R_i(1 - g_i) \\ 1, & \lambda_{ij}d_{ij} + f_j \geqslant R_i(1 - g_i) \end{cases}$$

式中 E_{ij} 为第 i 类旅游者到目的地 j 的经济收入推力强度；β_{ij} 为调节系数，介于 0 与 1 之间；λ_{ij} 为单位路程的费用；d_{ij} 为 i 到 j 的距离；f_j 为目的地的第 j 类旅游资源的门票费；R_i 为第 i 类旅游者的可支配收入；g_i 为旅游客源地的恩格尔系数。

同理，我们可以建立闲暇时间对旅游的推力强度公式：

$$T_{ij} = \gamma_{ij} \frac{\sigma_{ij}}{\delta_{ij} + \sigma_{ij}} \chi(\sigma_{ij}, \delta_{ij}, \omega_{ij})$$

式中 T_{ij} 为第 i 类旅游者到目的地 j 的闲暇时间推力强度；γ_{ij} 为调节系数，介于 0 与 1 之间；σ_{ij} 为第 i 类旅游者在旅游资源地游览的时间；δ_{ij} 为第 i 类旅游者到目的地 j 的旅途中用在交通方面的时间；ω_{ij} 为整块的闲暇时间；$\chi(\sigma_{ij}, \delta_{ij}, \omega_{ij})$ 为特征函数：

$$\chi(\sigma_{ij}, \delta_{ij}, \omega_{ij}) = \begin{cases} 1, & \sigma_{ij} + \delta_{ij} \leqslant \omega_{ij} \\ 0, & \sigma_{ij} + \delta_{ij} > \omega_{ij} \end{cases}$$

（五）政策、制度、营销的作用

政策、制度、营销等的作用力，对于某个旅游资源与开发系统来说，已经不再是系统内部之间的相互作用力了，而是系统的外部作用力。在前一章我们分析了这些因素对整个旅游资源与开发系统的影响，这里我们进一步论述它们对旅游吸引力的影响。根据图 5-3 的旅游吸引力的形成机理，我们认为，政策、制度等会对旅游者所习惯的环境产生很大的影响；而营销则会对旅游者对某旅游资源认知的环境产生很大的影响（见图 5-4）。

例如，19 世纪后半期英国的一系列政策、制度推动英国经济社会的发展，地方政府投资修建滨海大道、船坞和花园等，各种时尚、潮流改变着人们的生活方式。曾经有一段时期，英国人对"混乱不堪的现在和令人担忧的未来"表示不满，导致了怀旧情结的弥漫。同样，在中国，政策、制度等因素对北京共同起作用，形成今天的新北京形象，它们改变了或者部分改变了北京人的传统习惯。

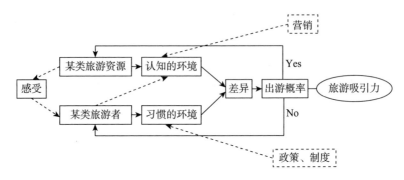

图5－4 政策、制度与营销对旅游吸引力的影响

营销改变了旅游客源市场的居民对旅游目的地的印象。不同形式的载体（如印刷图片、电视画面、语言、互联网等）使得旅游客源地居民对旅游目的地有了一个大致的认知，各种营销方式、手段传播着旅游目的地的各种信息，由于这些信息是对旅游目的地的重塑，必然包含着信息提供者的思想观念和功利意识，从而带有很大的倾向性，这种倾向性会拉大旅游客源地居民对旅游目的地认知的环境与自身环境的差异，从而提高旅游者的出游概率。

三 旅游吸引力模型

人们早就注意到旅游资源的吸引性有两个重要的特性：一是旅游资源的吸引性往往只针对一部分人，对另一部分人却可能没有吸引性；二是尽管各个旅游吸引物都具有一定吸引力，但随着居民离旅游吸引物的距离越来越远，旅游资源对居民的吸引力将越来越小。然而，旅游资源吸引性的其他复杂性常被忽略。

（一）旅游吸引力理论模型

20世纪80年代以前，旅游吸引力的研究主要关注的是对具体的、物态的旅游资源或观光、度假、娱乐型资源等所构成的旅游吸引要素的研究。普林斯顿大学 J. Q. Stewart 最早根据牛顿万有引力定律，以人口数代替质量，建立了一个人口引力模型（邹统钎，1992）：

$$I_{ij} = k \frac{M_i M_j}{D_{ij}^2}$$

式中 I_{ij} 为人口引力，k 为经验常数，M_i，M_j 为两城市的人口规模，D_{ij} 为两城市之间的距离。该模型被应用到旅游中，成为（保继刚，1996）：

$$P_i = \sum_{j=1}^{n} \frac{m_j}{D_{ij}} \qquad P = \sum_{i=1}^{k} P_i = \sum_{i=1}^{k} \sum_{j=1}^{n} \frac{m_j}{D_{ij}}$$

式中 P_i 为 n 种旅游资源对第 i 个旅游市场产生的引力潜能，m_j 为第 j 种旅游资源的物质水平，D_{ij} 为第 j 种旅游资源距第 i 个旅游市场的距离。

以上距离可以是客观距离，也可以是经济时间距离或心理距离等广义距离。客观距离可以从地图上直接获得量化数据；经济时间距离可以用旅游所花的天数与该客源地居民平均日工资率（闲暇价格）的乘积表示，即这一趟旅游所付出的闲暇的代价；心理距离可以用客源地居民外出旅游消费偏好系数表示，即客源地居民年均总消费支出中，用于外出旅游消费支出所占的比重。

1967 年，英国地理学家 A. G. Wilson 在研究港口运输、港口与腹地之间的经济行为时，建立了一个空间相互作用模型：

$$T_{ij} = kO_i D_j f(d_{ij})$$

式中 T_{ij} 为始点 i 与终点 j 的作用量，k 为常数，O_i 为始点流出总量，D_j 为终点得到的总量，d_{ij} 为始点到终点的距离，$f(d_{ij})$ 是距离的衰减函数。该模型被应用到旅游中，O_i 为旅游客源地 i 外出旅游的总人数，D_j 为旅游客源地 i 到旅游目的地 j 的旅游人数，d_{ij} 为旅游客源地 i 到旅游目的地 j 的距离。

Wilson 根据最大熵原理严密地导出了以上地域空间的引力模型，并给出了一个更具体的表达式：

$$F_{ij} = P_i A_j \exp(-\beta r_{ij})$$

式中 F_{ij} 表示区域的空间相互作用（引力）的强度；P_i，A_j 表示区域 i，j 的强度量，分别赋予需求和供应的意义；β 为阻尼因子，决定了区域间引力强度衰减速度的快慢；r_{ij} 表示两个区域 i，j 间的广义距离。

引力模型在国际上被广泛地应用在旅游点分析中（Chan 和 Carroll，1985），如 Grubb 和 Goodwin 于 1968 年在得克萨斯水库研究中引入的模型：

$$T_{ij} = G P_i^a C_{ij}^b I_j^c S_j^d X_{ij}^e$$

式中 T_{ij} 表示某一时间内从 i 地到 j 地的旅行人数；G 为常数；P_i 表示 i 地的人口；C_{ij} 表示从 i 地到 j 地的旅行成本；I_i 为客源地平均收入；S_j 为水库面积；X_{ij} 为竞争水库的影响；a，b，c，d，e 为经验估计参数。X_{ij} 的定义为：

$$X_{ij} = \sum_{k=1}^{n} \left[\frac{\log S_k}{D_{ik}} \right] \qquad k \neq j$$

其中 k 表示竞争性水库，D_{ik} 为 i 与 k 间的距离。

在国内，张凌云（1989）、保继刚（1992）、马耀峰等（1999）旅游学者都曾给出含有不同参数但又形式基本相同的旅游引力模型。张凌云（1999）还提出了一个"门槛范围"的概念，认为旅游地吸引物的实际吸引范围要比门槛范围小的话，那么该旅游地是不经济的。万建香（2002）建立了一个旅游吸引力模型，用来研究江西省龙虎山旅游区的旅游吸引力：

$$Q = k X_1^a X_2^b X_3^c X_4^d X_5^e / X_6^f$$

式中 Q 为旅游需求人数，表示旅游吸引力；X_1 表示旅游资源质量规模；X_2 表示旅游地政策环境；X_3 表示旅游地经济环境；X_4 表示旅游地可进入性；X_5 表示客源地收入水平；X_6 为客源地与旅游地间的距离；k 为常数；a，b，c，d，e，f 为经验估计参数。

以上旅游引力模型在旅游应用方面取得了较大成功。但是，这些旅游引力模型没有或较少考虑旅游者之间的差异、交通发展、营销等的相互作用。由于各目的地影响旅游吸引力的因素不同，因此对某个目的地适用的旅游引力模型并不一定能适用于其他目的地。

根据第五章第一部分和第二部分对旅游吸引力和其他作用力的分析，我们可以得到一个旅游吸引力的理论模型（见图5－5）。

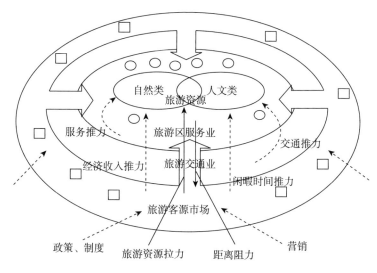

图 5－5 旅游吸引力理论模型

图5－5中的作用力，分别用实箭头和虚箭头表示，有6种是旅游资源与开发系统内部的作用力，分别是旅游资源拉力、距离阻力、交通推力、服务推力、经济收入推力和闲暇时间推力，其余的是系统外部作用力，包括政策、制度、营销等，旅游资源拉力和距离阻力是核心的作用力，所以用实箭头表示。

（二）最大可能旅游吸引量

所谓最大可能旅游吸引量，是指在旅游资源与开发系统中旅游目的地在各种作用力的相互作用下能吸引到旅游客源市场的旅游者人数的可能的最大值。

假设旅游目的地共有 y 种类型旅游资源，旅游客源市场的居民也被划分成 x 种类型，并假设 Q_i 表示第 i 类居民的数量，Q 表示旅游目的地最大可能旅游吸引量，则根据本章第二部分的讨论，可得：

$$Q = \frac{1}{y} \sum_{i=1}^{x} \sum_{j=1}^{y} Q_i p_{ij} \alpha_{ij} (1 - D_{ij}) J_{ij} H_{ij} E_{ij}$$

式中 α_{ij} 为第 i 类居民对 i 到 j 的距离阻力的调节系数，介于 0 与 1 之间；p_{ij}，D_{ij}，J_{ij}，H_{ij}，E_{ij} 的含义与本章第一部分和第二部分中的相同。

上面公式没有考虑闲暇时间。如果要考虑闲暇时间，则必须对旅游客源市场的每一种类型居民的闲暇时间按整块来分段。假设第 i 类居民全年的闲暇时间共有 z_i 整块，则旅游目的地全年最大可能旅游吸引量为：

$$Q = \frac{1}{y} \sum_{i=1}^{x} \sum_{z_i} \sum_{j=1}^{y} \eta_{ij}^{z_i} Q_i p_{ij} \alpha_{ij} (1 - D_{ij}) J_{ij} H_{ij} E_{ij} T_{ij} S_{z_i}$$

式中 $\eta_{ij}^{z_i}$ 为第 i 类居民在 z_i 时期重游第 j 类旅游资源的调整系数，介于 0 与 1 之间；T_{ij} 含义与本章第二部分中的相同；S_{z_i} 为 z_i 时期的季节因子；其他符号含义与上式相同。

以上变量都可以通过随机调查或统计数据得到。

四　体验价值

哲学范畴的价值观有其普遍的客观基础和表现形式，即主体与客体之间的相互关系。在这种关系中，客体是否按照主体的意愿满足主体需要，是否对主体的发展具有肯定的作用，就表现为一个价值问题。这里，主体一般是指从事社会实践活动的人（包括个人、团体和社会主体），客体是主体所指向的对象（包括自然、社会和人本身）。作为主体的人，其本性或本质是需要，客体属性则是客体固有的特性和功能。因此，价值可以被规定为客体属性对于主体需要的满足或对主体的意义与效用。从价值关系考虑，主体的需要是多方面的，客体的性质也是多方面的，具有适合主体需要的多种特性和功能，因此，特定主体与特定客体之间的价值关系具有多重性。主体是由许多个体组成的，某些个体又因其相互之间的紧密联系组成群体。在主体认识这个问题上，非人类中心论者认为，要以自然为中心看待自然事物的价值以及确定人与自然的道德关系，他们声称自然界中每一种生物都有对生态系统的平衡作用，都在生态系统的物质循环、能量流动和信息交换中发挥着自己特殊的作用，生物具有对于自己的内在价值，也具有对于人类的外在价值；人类中心论者认为，人是万物的尺度，是存在的事物存在的尺度，也是不存在的事物不存在的尺度，世界上没有任何一种其他物质实体能与人类相提并论；可持续发展论者认为，在自然系统内部，人作为价值设定者与非人类存在物之间的关系是系统中部分与部分的关系，而在人与其所隶属的系统之间，人作为价值的确认者与整个自然之间的关系是部分与整体的关系。

（一）旅游主体差异性

我们只讨论以人作为价值主体，并认为作为主体的人存在着差异性。对于旅游活动来说，人的差异性主要体现在群体之间的差异性，群体之间的差异性也是导致旅游流动的一个重要因素。效用理论、地租理论以及环境财富论为研究旅游资源价值对人与物的关系的意义提供了很好的理论基础，在这些理论看来，资源环境之所以具有价值，其内在依据在于其自身禀赋的效用，这一功能与属性是其具有价值的基础，其外在依据在于资源在数量上的有限性、稀缺性及环境质量的下降等。马克思也认为"价值这个普遍的概念是从人们对待满足他们需要的外界物的关系中产生的"（《马克思恩格斯全集》第十九卷，第406页）。因此，旅游资源对人群的效用，仍然可以作为判断旅游资源是否具有价值的重要依据。

在旅游活动方面，人群的差异性表现在出游决策的差异性。正如我们在前文所述，旅游吸引力是由旅游者对旅游资源子系统认知的环境与旅游者习惯的环境之间的差异形成的，认知能力的不同，造成不同人群的差异性。这些差异主要表现在以下方面。第一，易获得性偏差。某件事情让人比较容易联想到，行为者便可能误以为这个事件经常发生，反之，某类事件不太容易让人想象到，在人的记忆中相关信息不丰富、不明确，行为者就会在不自觉的情况下低估该类事件的发生。在这样的可能性下，一个社会、一个时代新潮的、风行的、被人们熟知的现象成为易获得的，很大程度上影响旅游者出游的决策。第二，自信偏差。这个概念又回到了人类的有限理性的问题上。因为在旅游者当中，不论是理性的还是非理性的，都不会怀疑自己的理性的存在，他们或认为是掌握了一定旅游信息和一定旅游技巧，或者相反，因而在做出出游决策时，便产生不同的结果。第三，从众心理偏差。作为心理学上的古老命题，从众心理是指人必然会受到其他行为人和整个行为环境的影响，产生一种模仿、攀比、追随和与他人互相传染的倾向，在体验一些新鲜事物的过程中，这种从众的非理性会达到一个相当高的程度，人们的预期会造成大量的误价（mis-pricing）。第四，规避偏差。旅游者在面对选择进行冒险的时候，会倾向于拿已知的概率作为依据，而规避不确定性的差异。第五，价格敏感性偏差。不同的旅游者对价格的敏感程度是有差异的，造成这种差异的主要原因是旅游者收入水平的不同，但同一旅游者也会因目的不一样而对价格的敏感性不同，如商务活动、参加会议等。旅游目的地的客源市场居民的这些差异，会导致旅游资源价值的不同。

就一般市场而言，消费者总是在商品或服务价格最低时做出购买决策。虽然客观上很难做到这一点，但他们总是使自己的购买效用最大化，使自己的购买行为符合这一期望。正是基于这样一种预期心态，一旦价格下降，消费者便会大量减少当前购买，甚至持币待购，从而使得产品的现期需求量大幅度减少（见图 5 - 6）。

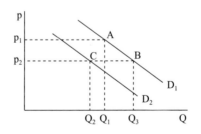

图 5 - 6 一般市场需求曲线

图 5 - 6 中，D_1 为降价前的需求曲线，当价格为 p_1 时，市场需求量为 Q_1，如果价格由 p_1 下降到 p_2 水平，原本期望的市场需求量为 Q_2，但实际结果未必如此，消费者客观上存在的心理预期作用，将使一部分本来想当期购买的消费者暂时放弃购买计划，等待产品更大幅度的降价；或者等待其他人做出反应，以便从中获取相对低价同质或替代性产品，这一持币观望行为最终导致需求曲线由 D_1 下降到 D_2 的水平，从而相应地产品需求量也

就由预期的 Q_2 水平下降到 Q_3 水平，这不仅低于理想中的 Q_2 水平，甚至低于降价前的 Q_1 水平。

但是，旅游消费者面对的是不完全信息市场或不对称的信息市场，这是由旅游产品的特殊性决定的。旅游产品的不可转移性、生产与消费的同步性，决定了旅游者只有到达旅游目的地进行消费以后，才能对旅游产品的质量做出真实的评价。在信息不充分的前提下，消费者将主要根据价格和广告对旅游产品质量做出判断。如果产品价位过低，消费者认为旅游目的地没有足够的力量来维持其原有的产品质量或服务承诺，从而可能做出拒绝购买或减少购买的决策。这一经济现象就是范伯伦效应（见图 5 - 7）。

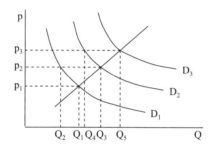

图 5 - 7　范伯伦需求曲线

在图 5 - 7 中，价格为 p_1 时，需求量为 Q_1；当价格增加到 p_2 时，根据需求曲线 D_1，需求本应减少至 Q_2，但在范伯伦需求曲线中，由于购买者看重产品服务的质量，其在价格上升至 p_2 时反而提高购买量至 Q_3，此时，需求曲线移至 D_2；当价格上升至 p_3 时，曲线移至 D_3，需求量实际增加至 Q_5，并非减少至 Q_4。范伯伦根据曲线的变换情况，认为在旅游业中存在着"挥霍消费"，即购买能显示其地位和身份的豪华产品和服务。

以上分析说明，从人与物之间的关系来看，旅游资源价值还与旅游目的地居民的分布差异有关，是这种差异的函数。

（二）旅游体验价值

如我们在本章第一部分所述，旅游者对某一旅游目的地的体验会影响他们在购买选择产品时的认知。随着生产力的发展，实现情感型产品的差异化已变得越来越重要，为了使其行之有效，旅游目的地必须让消费者了解这种差异。它们通过象征性体验或直接获知的方式实现。如果产品差异化是通过直接体验，也就是在度假过程中获得的，那么这一差异就会非常清晰，也不会与实际体验产生冲突，在这种情况下，消费者就能够意识到情感型产品的优势。但是，如果产品的差异是象征性体验的产物，也就是通过广告和其他有影响的途径获知的，那么在吸引物和实际体验到的形象间就会产生偏差。高质量的旅游体验达到或超过旅游者的预期所带来的正偏差，会导致其下次出游的概率增大，增加旅游资源价值；低质量的旅游体验达不到旅游者的预期所带来的负偏差，会导致其下次出游的概率减小，减少旅游资源价值。

因此，旅游目的地在消费者心目中的形象显得非常重要。目的地在消费者心目中的形象包括旅游者和非旅游者两个领域的因素。形象是人们的观点持续形成过程的产物，它的产生与具体的决策情境无关，它包含了客观与主观的成分，有正确的观点，有时也有错误的观点，融入了人们对事物的态度和体验。一个国家的总体形象是自动树立起来的，与该国是否作为旅游目的地无关。这个形象是消费者将不断接收的信息汇总的产物。这些信息包括长期以来媒体对该国政治、经济和社会事件的报道，以及人们对该国产品已有的印象。当一个区域覆盖了多个国家时，地区形象就会变得非常重要，地区形象可以是有意识地形成的，目的是将整个地区作为旅游目的地进行营销。旅游目的地形象对消费者的产品选择是至关重要的，究竟把一个度假胜地看成一个目的地，还是把整个地区作为一个目的地，消费者对其有自己的理解。

一般来说，旅游目的地的旅游资源与旅游者进行"交换"时，旅游者换来的是一种体验，而旅游资源不能被旅游者"拿走"，而且也不是一次就被旅游者消耗的商品，所以旅游资源价值的一部分就必然通过旅游体验表现出来。

旅游目的地的形象对于资源的体验价值来说是至关重要的。旅游的过程是与物质世界相接触而求得精神的审美感受和快感愉悦的过程，因此，旅游体验即使不以其独立的具体内容，也要以作为其表征的客观世界的物质形式，间接地被明朗化、清晰化、具体化。旅游目的地形象与旅游体验可以是协调的，这是在期望的结构与水平同外部世界相契合时；但也可能是矛盾的，这是在期望的结构和水平与外部世界相参差时。前一种情况使旅游者获得满足，而后一种情况却可能转化为激发各种实际矛盾的因子。

旅游市场营销也可能常处在强调旅游产品魅力以吸引更多的顾客的同时会过分使旅游期望膨胀从而引发种种矛盾的两难境地，当旅游目的地通过营销等手段过度地渲染了某种旅游体验的挑战水平时，旅游体验的结果就可能是因真实的挑战水平偏低而使旅游者失望。旅游企业在提供服务的过程中，如果能创造性地针对每类旅游者的特殊要求，提供一些其意想不到的服务，则会改变旅游者的满足程度。

设 t 时刻第 i 类旅游者得到目的地 j 信息的集合为 $\Phi_{ij}(t)$，$E[Q_{ij}(t) \mid \Phi_{ij}(t)]$ 为 $\Phi_{ij}(t)$ 条件下旅游人数 $Q_{ij}(t)$ 的数学期望，$\Psi_{ij}(t)$ 为旅游者得到目的地 j 信息与旅游体验的差距，$E[N_{ij}(t) \mid \Psi_{ij}(t)]$ 为 $\Psi_{ij}(t)$ 条件下不想旅游的人数 $N_{ij}(t)$ 的数学期望，$c_{ij}(t)$ 为 i 到 j 的旅行费用，则 T 时刻旅游资源的体验价值为：

$$v = \int_0^T \sum_{i=1}^x \sum_{j=1}^y c_{ij}(t) \{ E[Q_{ij}(t) \mid \Phi_{ij}(t)] - E[N_{ij}(t) \mid \Psi_{ij}(t)] \} \, \mathrm{d}t$$

（三）旅游效用与景点质量、闲暇时间分析

根据以上分析，旅游资源是能对旅游者产生吸引力的旅游吸引物，人们对它的需求呈现出与对一般物质需求不相同的特点：首先，旅游吸引力来自旅游资源自身的结构差异性（如景点组合），也来自旅游者的总体的结构性，包括旅游者的出游愿望、收入水平、性格特点、可支配的闲暇时间等；其次，对同一旅游者，吸引力的大小随着时间（以在同一旅游地旅游次数计算）的增加而减少，而与边际效用紧密相关的是旅游资源的稀缺性；最后，在旅游资源与开发系统中，包括了物质性（自然景物与人文景观、旅游消费品）、可达性（服务的完善和交通的发达）、可购性（景区门票、交通及旅店等的定价适中）。旅游资源的价值关系，体现在其所在系统的内部结构和旅游相关者的结构关系上。

　　旅游者在旅游过程中得到的旅游体验，与获得一般商品的效用一样，受到效用受体的主观意识的影响，效用的大小也受到稀缺性的影响，越稀缺的旅游资源效用越大，旅游体验价值越高。边际效用仍可以作为计量价值的尺度，边际效用与旅游资源的供给量成反比，同类型结构的旅游资源供给次数越多，边际效用越小，旅游边际效用仍呈现递减规律。人们在旅游过程中仍然追求效用最大化，旅游目的地仍能追求利润最大化。

　　对于单个旅游景点来说，为了分析简单，我们假设旅游者每次在该景点花费的时间相等，这样个体在该景点所花费的时间就可用参观该景点的次数 r 来表示。根据前面几部分的讨论，r 是景点质量 q 的增函数 $r = \varphi(q)$，所以，$q = \varphi^{-1}(r)$。

　　我们还假设 T 为个体的自由支配时间，在这个自由支配时间中，他可以自由选择旅游或别的活动，如果他选择旅游，那么其机会成本为 $w(t_0 + t)$，其中 w 为个体的工资率，t_0 为参观一次该景点所花费的时间，t 为参观一次该景点在旅游路途中所花费的时间。记 p_r 为参观一次该景点的旅游参观费用，p_t 是参观一次该景点的旅游交通费用，则我们可以建立如下模型：

$$\max \quad U(X, q, t)$$
$$\text{s. t.} \quad \begin{cases} M + w[\,T - (t_0 + t)\,r\,] = X + (p_r + p_t)\,r \\ (t_0 + t)\,r \leqslant T \end{cases}$$

　　式中 $U(X, q, t)$ 是个体效用函数，X 是价格为 1 的单位一般等价物的数量，M 是外生的收入。

　　把 $q = \varphi^{-1}(r)$ 代入上式，就得：

$$\max \quad U(X, r, t)$$
$$\text{s. t.} \quad \begin{cases} M + w[\,T - (t_0 + t)\,r\,] = X + (p_r + p_t)\,r \\ (t_0 + t)\,r \leqslant T \end{cases}$$

　　引入松弛变量 $t_\omega = T - (t_0 + t)\,r$，利用 Lagrange 数乘函数：

$$L = U(X, r, t_\omega, t) + \lambda[\,M + wt_\omega - X - (p_r + p_t)\,r\,] + \mu[\,T - t_\omega - (t_0 + t)\,r\,]$$

　　可得相关的一阶必要条件为：

$$\frac{\partial U}{\partial r} \Big/ \frac{\partial U}{\partial X} = p_r + p_t + \frac{\mu}{\lambda}(t_0 + t)$$

$$\frac{\partial U}{\partial t_\omega} \Big/ \frac{\partial U}{\partial X} + w = \frac{\mu}{\lambda}$$

$$\frac{\partial U}{\partial t} \Big/ \frac{\partial U}{\partial X} = \frac{\mu}{\lambda} r$$

其中 μ/λ 表示时间的影子价格，第一式说明一次旅游的边际支付意愿等于货币成本与时间成本之和，第二式表明工资率不能代表时间的影子价格，第三式表明交通用时带来的负效用是旅游次数与影子价格的乘积。

根据效用最大化模型，可以求得马歇尔需求函数：

$$r = r(M, p_r, p_t)$$

然后根据马歇尔需求曲线可求出消费者剩余，消费者剩余可以作为景点的价值估计。

对于有多个景点的旅游目的地，如果不考虑景点的替代效应，可以按照上述方法做同样的分析，得到一组马歇尔需求函数：

$$r_{ij} = r_j(M_i, p_{r_{ij}}, p_{t_{ij}})$$

式中 r_{ij} 为第 i 个人去第 j 个景点的次数，M_i 为第 i 个人的外生收入，$p_{r_{ij}}$ 和 $p_{t_{ij}}$ 分别为第 i 个人一次去第 j 个景点的参观价格和交通费用。

如果要考虑景点的替代性，可把一个人去所有景点的全部参观次数进行加总，并将其作为去"典型景点"的参观次数，"典型景点"即个人参观最多的点。根据个人资料可得每个人如下的需求函数：

$$r_i = r(M_i, p_{r_i}, q_i)$$

式中 r_i 为第 i 个人去典型景点的次数，M_i 为第 i 个人的外生收入，p_{r_i} 和 q_i 分别为第 i 个人去典型景点的参观价格和景点质量。

如果有 n 个旅游者（$i = 1, \cdots, n$），对于某一次旅游机会的选择行为（从 m 个景点中选择 j，$j = 1, \cdots, m$）可用旅游者的收入 M_i 及社会特征向量 S_i 描述，每一景点的环境特征向量为 Q_j，个体 i 到景点 j 的成本为 C_{ij}，个体 i 选择景点 j 的效用由间接效用函数给出：

$$v_{ij} = V_i(M_i - C_{ij}, Q_j, S_i) + \varepsilon_{ij}$$

其中 ε_{ij} 是效用中不可观测的部分，并假设 ε_{ij} 是独立的且服从标准正态分布 $N(0,1)$。如果 i 选择了 j，则意味着 $u_{ij} > u_{ik}$，$\forall k \neq j$，且选择 j 的概率最大。所以，个体 i 选择 j^* 的概率为：

$$P_{j^*}(i) = e^{V_i(M_i - C_{ij^*}, Q_{j^*}, S_i)} \Big/ \sum_{j=1}^{m} e^{V_i(M_i - C_{ij}, Q_j, S_i)}$$

只要 $V_i(\cdot)$ 的函数形式得到确定，就可用极大似然法估计参数。一旦 $V_i(\cdot)$ 的参数得到估计，就可以根据如下恒等式求出补偿剩余 CS_{ij}：

$$V_i(M_i - C_{ij} - CS_{ij}, Q_j^1, S_i) = V_i(M_i - C_{ij}, Q_j^0, S_i) + \varepsilon_{ij}$$

计算得出的补偿剩余 CS_{ij}，就可以被认为是景点质量从 Q_j^0 到 Q_j^1 的变化的货币化价值。

对于闲暇时间价值，我们假设 w 是工资率，h 是工作时间，s 为非工资收入，a 为旅游时间，c_a 为单位时间旅游成本，b 为非旅游休闲时间，$X = (x_1, x_2, \cdots, x_n)$，$p = (p_1, p_2, \cdots, p_n)$ 分别为商品消费向量与商品价格向量，则我们可以建立如下模型：

$$\max \quad U(X, a, b)$$

$$\text{s. t.} \quad \begin{cases} c_a a + \sum_{i=1}^{n} p_i x_i \leqslant s + wh \\ a + b + h \leqslant T \end{cases}$$

利用 Lagrange 数乘函数：

$$L = U(X, a, b) + \lambda \left(s + wh - c_a a - \sum_{i=1}^{n} p_i x_i \right) + \mu(T - a - b - h)$$

可得相关的一阶必要条件为：

$$\frac{\partial U}{\partial x_i} \Big/ \frac{\partial U}{\partial x_j} = \frac{p_i}{p_j} \qquad \frac{\partial U}{\partial a} \Big/ \frac{\partial U}{\partial x_i} = \frac{c_a}{p_i} + \frac{w}{p_i}$$

$$\frac{\partial U}{\partial b} \Big/ \frac{\partial U}{\partial x_i} = \frac{w}{p_i} \qquad \frac{\mu}{\lambda} = w$$

如果效用函数为对数线性型：

$$U = Ax_1^{\alpha_1} x_2^{\alpha_2} \cdots x_n^{\alpha_n} a^{\beta_1} b^{\beta_2}$$

则马歇尔需求函数为：

$$a = \frac{\beta_1(s + wT)}{(\alpha + \beta_1 + 3\beta_2)c_a + (\alpha + 3\beta_1 + 3\beta_2)w}$$

$$b = \frac{\beta_1(c_a + w)(s + wT)}{(\alpha + \beta_1 + 3\beta_2)c_a w + (\alpha + 3\beta_1 + 3\beta_2)w^2}$$

$$h = \frac{(\alpha + 2\beta_2)c_a wT + (\alpha + 2\beta_1 + 2\beta_2)w^2 T - (\beta_1 + \beta_2)ws - \beta_2 c_a s}{(\alpha + \beta_1 + 3\beta_2)c_a w + (\alpha + 3\beta_1 + 3\beta_2)w^2}$$

其中 $\alpha = \sum_{i=1}^{n} \alpha_i$。

通过计算，我们可得：

$$\frac{\partial a}{\partial s} = \frac{\beta_1}{(\alpha + \beta_1 + 3\beta_2)c_a + (\alpha + 3\beta_1 + 3\beta_2)w} > 0$$

$$\frac{\partial a}{\partial w} = \frac{\beta_1[(\alpha + \beta_1 + 3\beta_2)c_a T - (\alpha + 3\beta_1 + 3\beta_2)s]}{[(\alpha + \beta_1 + 3\beta_2)c_a + (\alpha + 3\beta_1 + 3\beta_2)w]^2} > 0$$

$$\frac{\partial a}{\partial c_a} = -\frac{\alpha + \beta_1 + 3\beta_2}{[(\alpha + \beta_1 + 3\beta_2)c_a + (\alpha + 3\beta_1 + 3\beta_2)w]^2} < 0$$

这说明 a 是 s 的增函数，是 c_a 的减函数，当 $(\alpha + \beta_1 + 3\beta_2)c_a T - (\alpha + 3\beta_1 + 3\beta_2)s > 0$ 时是 w 的增函数，否则是 w 的减函数。粗略地说，当全年的旅游费用不到非工资收入时，工资率的增加不会刺激消费者旅游，而提高主要靠工资收入者的工资，却会促使这部分人旅游。因此，闲暇时间对富有者来说更具有价值。

参考文献

保继刚等：《旅游地理学》，高等教育出版社，1993。

车裕斌：《旅游目的地系统吸引力分析》，《咸宁师专学报》2001 年第 1 期。

〔日〕田中喜一：《旅游事业论》，旅游事业研究会，1950。

〔美〕约翰·托马斯：《是什么促使人们旅游》，美国旅行代理人协会旅游新闻，1964。

徐汎：《中国旅游市场概论》，中国旅游出版社，2004。

陆大道：《区位论及区域研究方法》，科学出版社，1991。

国家旅游局：《中国旅游业概览（2003年）》，2003。

冯文权：《经济预测与决策技术》，武汉大学出版社，1994。

邹统钎：《旅游度假区发展规划》，旅游教育出版社，1992。

保继刚：《引力模型在游客预测中的应用》，《中山大学学报》（自然科学版）1992年第4期。

保继刚：《旅游开发研究——原理·方法·实践》，科学出版社，1996。

张凌云：《旅游地引力模型研究的回顾与前瞻》，《地理研究》1989年第8期。

马耀峰、李天顺：《中国入境旅游研究》，科学出版社，1999。

张凌云：《市场评价：旅游资源新的价值观——兼论旅游资源研究的几个理论问题》，《旅游学刊》1999年第2期。

万建香：《旅游业的可持续发展及模型研究新论》，《企业经济》2002年第6期。

黄郁成：《新概念旅游开发》，对外经济贸易大学出版社，2002。

The WTTC 1996/7 Travel & Tourism Research Report, 6th Ed, London：World Travel and Tourism Council, 1996.

Atkinson, J. W., *An Introduction to Motivation*, New York：Van Nostrand, 1964.

Robert W. Mclntosh and S. Goeldner, *Tourism*, Columbus, Ohio：Grid Publishing, 1984.

Lioyd E. Hudman, Young Jam, *A Shrinking World*, Columbus, OH：Gid, 1988.

Plog, S. C., *Why Destination Areas Rise and Fall in Popularity*, Cornell Hotel and Restaurant Administration Quarterly, 1973.

Plog, S. C., *Vocation Places Rated*, *Fielding Worldwide*, *Redondo Beach*, CA, 1995.

Kotler, P., *Marketing Management*, *Analysis*, *Planning*, *Implementation and Control*, 8th Ed, Simon and Schuster, Englewood Cliff, NJ, 1994.

Gunn, Clare A., *Tourism Planning*：*Basics*, *Concepts*, *Cases*, 3rd Ed, Prentice-Hall, 1994.

Wilson, A. G., "Statistical Theory of Spatial Distribution Models", *Transportation Res.* (1) 1967.

Chan, Y. and Carroll T., "Estimating Recreational Travel and Economic Values of State Parks", *Journal of the Urban Planning and Development Division* (1) 1985.

第六章　旅游服务劳动价值转移

马克思的劳动价值论的重大特色之一，就是指出了价值本质上是一种人与人之间的社会生产关系，实际上是人们之间交换劳动的关系。"马克思主义的劳动价值论的伟大历史意义在于，通过对商品价值的分析，发现了剩余价值的来源，揭露了资本家剥削工人的秘密。这种冲突范式的革命理论，目的在于揭示社会生产关系即人与人的关系。"（罗丽艳，2003）

旅游资源不是商品，但是它的价值体现在开发者（包括当地旅游部门的管理者、旅游区服务业和交通业的提供者）和旅游者的社会生产关系上，这也是一种相互交换劳动的关系；以旅游吸引物为核心，或者说依托于旅游吸引物这个载体，开发者付出的劳动和旅游者付出的劳动（旅游者支付的货币凝结着他以往其他劳动所得）在这里交换。在这里，旅游资源价值实体的形成，不仅凝聚着人们以往的劳动（特别是人文旅游资源的形成，以及对自然旅游资源的保护），也体现着人们当今对它们的开发与管理。旅游资源不是商品，所以它的价值量不便用社会必要劳动时间来决定，它与该旅游资源的稀缺性、利用可持续性等因素相关。如果某旅游资源是稀缺的，则"物以稀为贵"，来游览的人就更多，门票价格更高；如果某旅游资源是可持续利用的，则开发者和旅游者借此进行的劳动交换的时效延长，由此反映的旅游资源价值就越高，其表现形式作为累计交换价值。因此，当我们评价某旅游资源是"无价之宝"时，并不是说它没有价值，而是指它的价值无穷尽：$V = \sum_{n=1}^{\infty} V_n \to +\infty$（其中 V_n 指每次具体的交换价值）。

一　利益稀缺的表现

人的生理需求和心理需求决定人的利益。为了满足自己的需求，人们都要从事各种劳动，索取外界对象，这就是人们所追求的利益。由于外界资源的有限性，人们在索取外界对象的过程中便形成了这样那样的关系，这些不同的关系决定了人们的不同地位。又由于人们地位不同，索取外界对象的机遇便不同，从而形成了利益上的冲突。

在现实生活中，因为所要索取的东西时空分布不平衡，人们有占据或攫取财富的动机，人们对影响利益的物质都有尽可能多地占为己有的欲望，这种欲望会诱导人们相互夺取，从而也促使人们采取保护行动，结果人们在夺取他人之物时往往必须付出代价。于是，人们以个人和社会力量为基础，建立一定的秩序，以保证这种拥有关系不至于被破坏，其结果就是形成一种秩序划分，这种划分具有阻隔人与人之间任意侵占他人拥有物的排他性，划分结果所对应的每个人对拥有物的拥有关系，就是人们对拥有物具备的权利。

不仅相对紧缺的东西存在时间和空间上的不均衡性，而且人与人之间也存在拥有关系上的不均衡性。这种利益在人身上存在的时空上的失衡性，是人类社会的矛盾根源，也是推动人类社会发展的动力。因为利益存在这种失衡性，人类社会才会存在人与人之间的相互掠夺、相互冲突，才会存在战争。然而，相互掠夺和战争具有破坏性，它们会在利益总量上造成不同程度的损失，所以人们渐渐地学会了尽量避免冲突和争斗，以避免不必要的共同损失。为了避免这种破坏性的争斗，人类在长期的实践中渐渐地找到了各种方法，这些方法的内容就组成了社会秩序的规则，也构成了人类文明。伦理、法律和制度等就是人类界定、维持利益关系的社会秩序规则，只有存在大家都接受并遵守的规则，社会才可能安宁，人类才可能得到正常的生存和发展的机会。社会分配秩序形成的结果就是产生了权利（产权）体系。

无论什么社会，人类社会生活都存在一个共同的中心，这个中心就是

"自身利益"。人类的一切活动都是由这个中心导致的。利益主体之间的冲突及其与环境的冲突，都源于利益的稀缺性。在人类社会中，人与人之间建立、维持和改变权利界定关系的力量就是权力，它以人与人之间相互支配的形式在社会中表现出来。权力在一定程度上可以改变既定权利的界定关系，也可以改变社会的分配方式，从而影响具体每个人的切身利益。人们通过武力或精神关系建立起来的相互牵制关系，形成了一种相互支配的社会关系，这种支配包括界定、命令、指挥、监督、约束和强迫等方面的内容，在全社会范围内，人与人之间的这种关系就形成一种权力结构体系。权力制度就是决定社会分配原则和分配方式的社会规则。

因为权利受到权力的影响和制约，所以权力和权利之间就存在发生交易的可能性。权利和权力交易的结果往往没有增加社会总利益，而是交易者通过攫取他人利益的方式来增加彼此之间的利益。用权利交换权力者得到权力拥有者对权利的界定或通过对新增权利划分方式进行更改来增加自己的利益，用权力交换权利者得到部分权利或巩固增强自己获取权力的实力。此外，还存在权利与权利的交易、权力与权力的交易，权力与权力的交换者在加强自己权力的同时还能加大自己牟利的砝码。以上这些交易必然产生外在影响，在共同财产领域影响第三者的权利。

二　产权界定与旅游资源交易

在旅游资源与开发系统中，谁来进行旅游资源的开发，谁来代表旅游目的地与旅游者进行旅游产品"交换"，这些问题如果没有明晰的规则，产权也不是非常清楚，相关利益主体就会在旅游资源开发、管理和使用上各自为政，会造成系统混乱和对旅游资源的破坏，从而使旅游资源的价值降低。

产权（property rights）的直观意思是财产的权利，是指对物品或劳务根据一定的目的加以利用或处置，以从中获得一定收益的权利。这似乎表现为人与物之间的某种归属关系。但作为经济学范畴的产权，通常被认为是在人对物的关系上人与人之间的关系。在当今人们普遍感到资源有限和稀缺的情况下（包括旅游资源），可以把产权理解为资源稀缺条件下人们使用配置资源时的一种规则。产权是一组而不是一种权利，一般可以被分解为使用权、收益权和让渡权。产权不仅包括传统意义上的所有权的内涵，而且包括不同主体行使所有权时发生的权利关系。例如噪音纠纷，隔壁噪音带来的"外部性"包含了两种合理权利的矛盾，一方面某人有权利享有宁静，另一方面他的邻居也有权在自己家开舞会。解决办法是通过产权安排，即规定什么时候可在家开舞会，什么时候不可以在家开舞会。产权制度就是指既定产权关系和产权规则结合而成的且能对产权关系实行有效的组合、调节和保护的制度安排。

为了使市场交易顺利进行，达到资源优化配置，必须确立产权的排他性，即通过产权界定，确定谁有权利做什么并确立相应的产权规则。完善的产权制度至少包括以下内容：第一，交易主体对交易对象拥有明晰的、唯一的产权，而且产权可分解，即产权在量上是可以度量的（通过市场价格反映）；第二，只要产权的拥有者不违反法律及不损害他人的利益，产权的行使应不受任何限制；第三，产权具有可交换性，这是市场平等交易与资源自由流动的必要条件；第四，产权拥有者必须对产权行使的后果承担完全责任；第五，有效的产权保护，包括合约各方可通过行使退出权，以保护自己的利益，以及法律制度能通过强制惩罚一切破坏现有产权关系的行为和由此产生的威慑力量来实现对产权的保护。

法学上的产权可被归结为对财产的权利与义务，而经济学中的产权更重视资源使用的效率和效益。产权的存在形成及实现的原则、方式、方法对经济和人们之间的利益关系起着非常重要甚至决定性的作用。在旅游资源开放条件下，产权的确定是解决旅游资源配置和保护的政策手段，但仅赋予产权必须能强制执行。若转让权缺乏、原有体制弱化或者旅游资源稀缺的加速导致相关的产权缺乏，就可能产生各种不确定性。例如，在没有旅游资源出让权的条件下，旅游资源所有者对长期项目的投资缺乏积极性；如果旅游资源增值，旅游资源所有者不一定反对旅游资源被大量开发，或更有经济实力的法人来接管旅游资源，而这些法人可能对旅游资源的保护不太感兴趣；如果没有产权，旅游资源就不会被在公开的市场上交易，这就意味着旅游资源价值不会转移到增值最高的用途上去；如果个人贴现率大于旅游资源增值速率，该旅游资源所有者的最优选择将是尽量使用这种旅游资源而不加以保护。

私人财产权不能解决由一个所有者强加给另一个所有者的"外部性"，除非双方能够对这种外部性进行协商。所以产权的界定并不是以一种简单条文可以明确的，但没有明确的产权界定，制度建设将无从谈起。

中国的旅游资源产权制度实践也证明了这一点。1997年，湖南省分别以委托经营和租赁经营方式出让了张家界黄龙洞和宝峰湖的经营权；2001年，四川省旅游部门向海内外宣布出让包括九寨沟、三星堆遗址、青城山磁悬浮旅游列车工程在内的十大景区或项目经营权后，业界掀起了出让、买断景区经营权的狂潮。据不完全统计，全国已有至少19个省（自治区、直辖市）的300多个大小不一的景点加入出让经营权的行列（王小润、白锋哲，2002）。经营权被出让后，尽管企业也关心景区资源保护，但景区环境资源遭破坏、保护标准"降格"的现象仍大量存在。以赢利最大化为目的的企业的"保护概念"与旅游资源区的"保护概念"之间有较大差异（张进福，2004）。20世纪90年代末，中国证监会也曾经因兵马俑上市一事向建设部和国家文物局咨询，它们以"资源不可上市"为由搁置。

为此，许多中国学者提出了"营利性"和"非营利性"的概念，张进福（2004）还归纳出了适合经营权出让的景区类型及其出让的程度（见表6-1）。

表 6-1　经营权出让的景区类型

经营性质	景区类型	经营权出让程度
非经营性	世界遗产 "人与生物圈"计划项目 自然保护区 地质公园 保护性湿地 重点文物保护单位 高级别原生型景观	原则上不出让，可适度出让区内与旅游接待直接相关的经营性项目
经营性	人造景观 不以保护为首要目的的景区 唯一性不显著的省级以下景区	在法律框架下可整体性出让

资料来源：张进福《经营权出让中的景区类型与经营主体分析》，《旅游学刊》2004年第1期。

我们认为，围绕着中国旅游资源价值及开发与管理，产权理论的应用要注意如下几个方面。第一，有利于加强立法，严格执法，使旅游资源的保护有法可依。要坚持旅游资源国家产权管理原则，明确国家所有权的完整性和统一性，以保证国家所有权经济利益的实现。改变以往旅游资源名义上归国家所有，实际上大量存在着旅游资源所有权与使用权混淆，产权界定不清的现象。一些地方和部门奉行"谁占有，谁开发"，"谁开发，谁所有"，找不到产权管理的责任人，产权虚设使得国有资产流失，会使得旅游资源价值没有充分体现。第二，有利于促进旅游资源收益和旅游资源优化配置，从而更加凸显旅游资源的价值，改变旅游资源的不合理配置和低效率开发的状况。第三，有利于人们考虑长远利益，保护旅游资源和环境。对旅游资源产权界定明确，将其所有权和经营权分离，既要促使国家对旅游资源的所有权在经济上得到实现，又要促使旅游资源的培育、保护和发展走上良性循环轨道，从而促使旅游资源产权流转变为现实，并使旅游资源参与到商品交换过程中去，让旅游资源的价值得到反映和补偿。

三　合作机制

在明确的产权条件下，利益相关者为了获取自身的财富或福利，肯定要与另外的产权人发生交流，合作显得必不可少。合作是集体理性的表现，而理性的个体组成的"集体"并非一定是理性的。合作的基础仍然是利益最大化，只不过对利益考虑的时间和空间范围扩大了。

对于企业间的合作，如果没有利益的驱动或未来潜在的利益的驱动，合作协议是很难达成的，理论上，合作企业合作后的总利润一定要比合作前各自利润的和大，并且各自在合作后分得的利润比合作前各自按照单个利润最大化原则所得的利润要大，企业才有合作的可能。Z. Kevin Weng（1999）建立了一个数学模型来分析这一结果成立的可能和成立的条件，作者假设需求是与价格有关的随机变量，考虑了经销商的风险类型和协作后希望得到最大利润的最小概率。Michael Moses 和 Sridhar Seshadri（2000）也用数学方法分析了两个企业合作的可能，同时他们通过引入一个政策参数，讨论了合作不仅使双方在利润上可以双赢，而且彼此还能为对方转移一部分成本。

我们下面构造一个数学模型来说明，一定条件下企业合作后的总利润比合作前各自利润的和大，从而说明企业间合作的动因。

设 p 为经销商的单位售价，c 为经销商从制造商处进货的单位进货成本，v 为制造商的单位制造成本，Q 为经销商的定货量，与单位进价 c 有关，γ 为经销商对进货量大于市场需求量的那一部分处理所得的单位残余值，β 为经销商当进货量小于市场需求量时库存缺货的单位成本，且 $v < c < p$，$\gamma < p, 0 \leqslant \beta \leqslant p - c$。为简单起见，我们假设市场需求 X 服从均值为 μ、标准差为 σ 的正态分布，$f(x)$ 为 X 的分布密度，同时假设制造商和经销商均是风险中立的，且每次订货成本忽略不计。

则合作前经销商的期望利润为：

$$DE(Q) = \int_0^Q [(px - cQ) + \gamma(Q - x)]f(x)\,\mathrm{d}x + \int_Q^{+\infty} [(p - c)Q - \beta(x - Q)]f(x)\,\mathrm{d}x$$

合作前制造商的期望利润为：

$$ME[Q(c)] = (c - v)Q(c)$$

其中定货量 Q 由经销商决定，不过制造商可通过改变价格 c 来改变经销商的定货量。在此我们不考虑经销商与制造商讨价还价不断重复的博弈过程，即假设 c 已经按照最大化原则确定，则 $ME[Q(c)]$ 只与 Q 有关，简记为 $ME(Q)$。

所以，合作前制造商与经销商的期望总利润为：

$$DE(Q) + ME(Q)$$

若经销商不是单独根据最大化利润决定定货量 Q，制造商也不单独按最大化利润确定售价 c，而是彼此合作，减少中间交易环节，共同预测市场需求，制造商以生产成本价格 v 直接供货给经销商，则合作后制造商与经销商的期望总利润为：

$$JE(Q) = \int_0^Q [(px - cQ) + \gamma(Q - x)]f(x)\,\mathrm{d}x + \int_Q^{+\infty} [(p - v)Q - \beta(x - Q)]f(x)\,\mathrm{d}x$$

　　我们可以证明：$JE(Q) > DE(Q) + ME(Q)$（谌贻庆、邱建松、崔爱平，2004）。这样，我们证明了企业合作的必要性和可能性。合作后双方共同预测市场需求，减少了中间讨价还价的环节，从而实现企业的"双赢"目标。双方合作后的最大期望利润比各自按最大化利润决策得到的最大期望利润之和要多出 R，如何分配 R 取决于双方各自的贡献大小和谈判协商能力的大小。

　　旅游业合作也是如此。中国"9＋2"泛珠三角区域合作是极具实质性的区域旅游合作，区域各方提出实施"无障碍旅游"。以"张家界、九寨沟、丽江四飞9天团"为例，实行"无障碍旅游"之前，组团社的接待要通过张家界段、九寨沟段、丽江段的三家地接社进行，操作环节由四家分别承担。实行"无障碍旅游"之后，操作环节有可能处于一家旅行社的掌控之下。这样，产生衔接疏漏的概率大大降低，给消费者带来的直接实惠就是整体服务素质的提升，消费者对旅游资源的共享进一步加大，旅游资源价值必然得到提升。实行"无障碍旅游"之后，旅行社将突破原有的限制，可以跨地区进行旅游接待和招揽客源，淡化了旅游市场"地接"和"组团"的概念，使得一些有实力的旅行社有机会乘风破浪，而那些靠保护政策生存的旅游企业不得不重新思考出路。当然，各地旅游企业首先在内部必须加强合作，要积极鼓励居民在本区域内旅游，并相互提供便利，不断整合内部资源、共塑整体形象、赢得共同发展。

　　随着旅行社角色的转化，有实力和客源充足的旅行社（或旅游批发商）在议价方面的能力大幅提升，最终谁拥有了客源，谁就在整合交通、酒店、景点等方面享有优势，当地旅游资源价值就会通过中介最终在旅游客源市场上体现出来。

　　旅游业被世界公认为绿色产业，能有效地促进区域经济协调发展，具有产业关联带动作用。旅游体现了人们生活质量的提高，体现了人们的一种对享受生活、精神愉快的追求，因此，随着人们需求层次的提高和旅游业的发展，旅游业开发运作的方式也需要不断地更新变化。以区域联盟的模式开辟旅游市场，是当今跨国旅游公司运作的特点。如由美国西北航空公司、Starwood 酒店集团、嘉年华游轮公司、万事达国际组织、Globalone 电话卡公司共同推出了一个充满乐趣的从美国东海岸到加勒比海的"旅游产品"。

旅游区域合作是全球化发展的必然结果，竞争促进了联盟，联盟又加剧了竞争，价格因素越来越被旅游产品和服务的质量所替代。区域旅游合作在区域经济合作过程中是最好的合作领域，尽管政府、旅游局和旅游企业在区域旅游合作中的要求不同，政府考虑旅游品牌多一些，旅游局考虑合作多一些，旅游企业更多考虑竞争及利益，但要提高旅游自身的地位和作用，要求大家必须着眼于区域旅游合作。在同一区域，旅游资源可能会相似，容易形成雷同的旅游产品，所以在这方面就必须下大功夫，具有互补关系和替代关系的旅游区首先必须携起手来，进行有效的分工和合作，才能做到"互惠互利、优势互补、结构优化、效益优先"，推动城市之间、地区之间和景区之间的规划联动、市场联动、政策法规联动。旅游业要得到更大的发展，需要在配套服务、提高质量和旅游区的分工与合作上努力。

四　劳动价值的转移

人类与自然环境相互作用的过程大致经历了三个阶段。在第一阶段，人类在自然环境面前力量单薄，只能依靠简单的工具，维持非常低水平的生存状况，受到强大的自然力量的制约。人类在自然面前充满恐惧，周围充满着野兽，自然灾害不断，人们饥饿、营养不良、受到疾病的折磨等，这使得人类在延长的记忆中产生充满战栗的膜拜心理，在渐渐觉醒的意识里缓慢地积累生存技能。在第二阶段，人类在自然环境面前力量强大，在地面上盖起了摩天大楼，挖掘了地下数千米的矿藏，人类感到自己是地球的主人，高于一切，把大自然踩在脚下。在第三阶段，全球气候变暖，全球土地沙漠化，全球环境污染、环境开始恶化，人类意识到要建立一种与自然和谐相处的关系。

人类在自己的生存和发展过程中，要求自身生存所需的一定数量的各种东西（不论是天然的还是人造的）构成组合。在这些组合中，各种直接满足生理或心理需要的东西都是决定人类是否能够正常生存与发展的必要条件，任何一项内容都是不可缺少的，每一种东西的缺乏都必然影响生存的质量。遗憾的是，这些与人类生存息息相关的东西在自然界和人类社会中，无论从数量上还是从质量上看，分布都是不平衡的。这种不平衡性一方面表现在时间维度上，另一方面表现在空间维度上。对于在时间上失衡的东西，人们知道用储存的方法来解决失衡问题，即对于那些可能在未来发生紧缺的东西，在其相对宽松的时候积攒储存一部分，以备紧缺时使用。对于在空间上失衡的东西，要么移动物质，要么移动人类自身。

不管人类处在哪个阶段，也不管人类如何解决失衡性，人们都必须劳动，而且人们劳动的目的没有改变，就是要不断提高自己需要或欲望的满足程度，克服物品和服务的稀缺性，将那些稀缺程度低（即价值低）的物品和服务，转化成稀缺程度高（即价值高）的物品和服务。人们在旅游资源的开发和转化过程中，就是通过自身的劳动将价值相对较低的环境资源转化成价值相对较高的旅游产品。

物品或服务的稀缺程度是由它们对人们满意程度的边际效果（即在其他条件不变的条件下，每增加或减少一个单位这种物品或服务所增加或减少的满意程度）决定的。这种边际满意程度越大，说明这种物品或服务的稀缺程度越高。在旅游资源开发和管理过程中，人类的劳动起到了关键的作用，但是，某种旅游产品本身的价值不仅仅是由"凝结在产品上面的社会一般（平均）劳动量"这一个因素决定的，还由开发中所付出的"机会成本"决定。这里的"机会成本"包含了旅游资源和劳动两部分的"机会成本"。旅游资源的价值应该还包括一部分 V_L，即旅游产品生产过程中增加的价值（这部分价值类似于马克思的剩余价值）V_A、生产这些资源产品付出的劳动机会成本 C_L 和旅游资源机会成本 V_E 这 3 个部分，即 $V_L = V_A + C_L + V_E$。劳动投入的机会成本就是在劳动被投入这种用途以后，在空闲或其他用途方面下降的价值量；旅游资源机会成本就是在旅游资源被投入这种用途以后，在旅游资源存在（无人类用途）或被投入其他用途时体现出来的价值量损失。在旅游产品生产过程中所损失掉的劳动（或旅游资源）机会成本可以被看成劳动（或旅游资源）价值的转移，这部分价值量已经转移到旅游产品上面了。

在旅游资源稀缺的时候，人们享受到的所有旅游产品的好处都是以自身的劳动付出（或增加未来子孙后代的劳动投入）和旅游资源对人类其他方面"有用"的属性或功能损失或减弱为代价的。

根据第二章第三部分旅游资源价值构成和第五章第三部分旅游吸引力模型，可通过不同作用力的变化来计算旅游吸引量的变化。因而可计算旅游服务、旅游交通、利益机制等对旅游资源价值的贡献，从而可以计算旅游资源价值中的劳动价值转移部分。

设 $Q_{ij}(t)$、$D_{ij}(t)$、$J_{ij}(t)$、$H_{ij}(t)$、$E_{ij}(t)$、$T_{ij}(t)$、$c_{ij}(t)$ 分别为 t 年第 i 类旅游者到目的地 j 最大可能旅游吸引量、距离阻力、交通推力、服务推力、经济收入推力、闲暇时间推力和旅行费用，则

$$Q_{ij}(t) = f[\,D_{ij}(t), J_{ij}(t), H_{ij}(t), E_{ij}(t), T_{ij}(t)\,]$$

因而旅游资源价值中的劳动价值转移部分为：

$$v = \sum_{t=0}^{\infty} \sum_{i=1}^{x} \sum_{i=1}^{y} c_{ij}(t) Q_{ij}(t)$$

其具体体现在旅游资源的勘测、规划设计成本，旅游建设用地成本，风景建筑成本，旅游基础设施建设成本，旅游服务设施建设成本，旅游安全维护成本，生态环境保护成本，管理人员和服务人员劳动力成本，旅游人才培训成本，景点维护成本，旅游营销与旅游信息成本，旅游物流成本，税收及其他费用成本等之中。

参考文献

罗丽艳：《自然资源价值的理论思考——论劳动价值论中自然资源价值的缺失》，《中国人口、资源与环境》2003 年第 6 期。

王小润、白锋哲：《景区经营权——不得不说的话题》，《光明日报》2002 年 7 月 15 日。

张进福：《经营权出让中的景区类型与经营主体分析》，《旅游学刊》2004 年第 1 期。

谌贻庆、邱建松、崔爱平：《供应链协作动因研究》，《价值工程》2004 年第 5 期。

Z. Kevin Weng, "The Power of Coordinated Decisions for Short-life-cycle Products in Manufacturing and Distribution Supply Chain", *IIE Transaction*（31）1999.

Michael Moses and Sridhar Seshadri, "Policy Mechanisms for Supply Chain Coordination", *IIE Transaction*（32）2000.

第七章　旅游承载力与价值保值

在第六章的研究中，旅游资源价值的劳动价值转移部分跟旅游资源与开发系统中的各种作用力有关，这些相互作用力的增大使得旅游资源的价值增大，客体满足了主体需求，导致旅游业迅速发展，旅游资源与开发系统产生整体涌现性——旅游乘数效应，拥有旅游资源的地区视旅游资源开发为当地经济发展的助推器。但是，伴随着国内外旅游业的繁荣，同一时期同一目的地旅游者过多或旅游重旅游率增加，旅游资源的体验价值就会降低。如果过度和不合理开发旅游资源，就会破坏旅游资源与开发系统的稳定状态，例如，旅游区服务设施和交通设施的过度膨胀，对旅游吸引物的粗放管理给旅游地带来大量污染，旅游地的民风逐渐被异化、冲淡或消失，由于金钱的驱动而出现扰乱秩序、破坏环境的行为等，导致环境效益大大降低，并显示出严重的威胁性，旅游资源的构序价值大大降低。

因此，旅游资源开发会增加旅游资源的劳动价值转移部分，但过度和不合理开发以及游人过度密集，会降低旅游资源的构序价值和体验价值。我们认为，旅游资源开发超过旅游资源承载力，旅游资源与开发系统结构会被破坏，旅游体验与旅游者预期的差距就会扩大，旅游者效用降低，这不但会造成旅游资源构序价值与体验价值的降低，而且会使得旅游资源的劳动转移价值因为旅游量的减少而降低。

一　旅游承载力

除了千百年的风雨侵蚀、战乱灾害等对旅游资源的摧残，当前更多的是不规范的旅游业所造成的不良影响。旅游资源的人为性破坏产生的根源可分为以下三种。第一，建设性破坏。它指直接拆毁或占用文物古迹，包括工程建设、市政建设和旅游规划不当所造成的对旅游资源的破坏。第二，生产性破坏。它指旅游地及周边的污染工业生产和耗竭式农业生产对旅游资源的破坏。第三，大量游客的介入。它加速了旅游资源的风化、磨损以及土地板结、植被裸露、污水废气排放等，使旅游地的自然生态环境受到威胁。

承载力（carrying capacity）一词，起源于生态学，其意是指：在特定条件（如生存空间、营养状况等）下某种生物个体生存数量的极限。环境承载力概念最早由比利时生物学家 P. E. Forest 于 1838 年提出，随后被应用到环境保护、人口研究、土地利用等领域（杨锐，1996）。这个术语延展到旅游承载力（亦称旅游环境容量）时，是指在某一时期、某种状态或条件下，一个国家或地区的旅游资源在保证其旅游系统结构和功能不受破坏基础上所能承受人类活动作用的阈值（张文奎，1985）。1986 年，O'Reilly 下了一个较通俗的定义，认为旅游承载力是指某一特定地域内可接待来访旅游者的最大数量或者最大旅游使用量。

在旅游资源与开发系统的自然经济演化时期，由于旅游活动或者很少，或者只是一种上层阶级、贵族阶层的活动，或者是一种以生产、商贸、军事、教育、宗教为目的的旅行，并没有大规模发展，旅游对自然和社会的负面影响较小，还不足以对人类生存发展造成威胁，因此人们还不会注意承载力问题。进入工业社会后，特别是 20 世纪 50 年代后期，有关生态环境破坏的事例不计其数，凸显了人类发展过程中所面临问题的严重性，承载力问题才引起人们的注意。

1960 年，Butler 和 Kundson 在研究旅游娱乐时认识到，游乐设施、旅游基础设施的自然承受能力是游客容纳量大小的决定因素。1964 年，美国学者 J. Alan Wagar 在研究具有游憩功能的荒野地的承载力时，认为承载力是指一个游憩地区能够长期维持旅游品质的游憩使用量。因环境生态问题的日益突出，20 世纪 70 年代，这一概念逐渐得到重视，学者对其开展了研究。1977 年，B. Shelby 和 T. A. Heberlein 系统地对游憩环境的承载力进行了研究。20 世纪 90 年代初期，当可持续发展思想风靡全球的时候，旅游承载力更成为学术研究的热点（崔凤军、刘家明、李巧玲，1998）。

旅游承载力虽然是一个很好的概念，但是研究学者发现其在实践中往往很难使用。1971 年，Lim 和 Manning 建议将承载力分为生物承载力（biophysical capacity）、社会文化承载力（social-cultural capacity）、心理承载力（psychological capacity）和管理承载力（management capacity）四类。1975 年，Doxey 认为，旅游承载力是"当地社会没有感受到负面影响的前提条件之下，一个旅游目的地所能吸纳来访旅游者的能力"。这种观点是出于对旅游接待地利益的考虑。1980 年，Butler 认为，旅游承载力是"当来访游客的数量太大，该地不能为其提供高质量或令其满意的旅游经历时的值"。这种观点认为，旅游承载力是由市场决定的。1982 年，Mathieson 和 Wall 把旅游承载力定义为"在不会导致当地物质环境出现不可接受的变化，并且不会导致来访游客所获经历的质量出现不可接受的下降的前提下，接待游客的最大数量"。这种观点是以环境为基础的，意味着人们需要事先确定出某些标准，才能够据以判断何为"不可接受"的程度。1984 年，George H. Stankey 提出了"可接受改变的极限"（Limits of Acceptable Change，LAC）理论，该理论认为，如果允许一个地区开展旅游活动的话，那么资源状况下降是不可避免的，也是必须接受的。当一个地区的资源状况达到预先设定的极限值时，必须采取措施，以阻止进一步的环境变化。对旅游者的旅游体验，亦应如此。LAC 理论被提出以后，许多国家根据该理论的框架制定了一些技术方法和模型，在实践中取得了很大的成功（Williams 等，1994）。

1987 年，保继刚等对旅游承载力进行了研究，认为旅游承载力是一个概念体系。他们把它分为基本承载力和非基本承载力两大类，其中基本承载力分为五种，即旅游生态承载力、旅游资源承载力、旅游心理承载力、旅游经济发展承载力和旅游地域社会承载力。非基本承载力是指五个基本承载力在时间和空间上的具体化与外延，包括合理承载力和极限承载力、既有承载力和期望承载力、旅游活动空间承载力等。1995 年，崔凤军认为，旅游承载力是"在某一旅游地环境的现存状态和结构组合不发生对当代人及未来人有害变化的前提下在一定时期内旅游地所能承受的旅游者人数，它由环境生态承纳量、资源空间承载量、心理承载量、经济承载量四项组成"。1998年，崔凤军等认为自己理解的旅游承载力概念仍有缺陷，因为最终落实到的游客人数是不全面的，它其实还应涉及土地利用强度、旅游经济收益强度、游客密度等指标。

根据保继刚等的研究，旅游生态承载力是指在一定时间内旅游地域的自然生态环境不致退化的前提下，旅游地所能容纳的旅游活动量。

对于无须用人工处理方法处理部分旅游污染物的旅游地，其旅游生态承载力的计算公式为：

$$F_0 = \sum_{i=1}^{n} S_i T_i \bigg/ \sum_{i=1}^{n} P_i$$

式中 F_0 为旅游生态承载力，即每日接待游客的最大允许量；P_i 为每位旅游者一天内产生的第 i 种污染物量；S_i 为自然生态每日净化吸收第 i 种污染物的数量；T_i 为各种污染物的自然净化时间，一般取一天，对于非景区内污染物，可略大于一天，但累积污染物最迟应在一年内完全净化；n 为污染物种类数。

对于需要由人工处理旅游污染物的情况，旅游地的扩展性旅游生态承载力的计算公式为：

$$F = \left(\sum_{i=1}^{n} S_i T_t + \sum_{i=1}^{n} Q_i \right) \bigg/ \sum_{i=1}^{n} P_i$$

式中 F 为每日扩展性旅游生态承载力，Q_i 为每天人工处理掉的第 i 种污染物量，其他符号意义与上式旅游生态承载力计算公式中的相同。

旅游资源承载力是指在保持旅游资源质量的前提下，一定时间内旅游资源所能容纳的旅游活动量（保继刚等，1993）。

旅游资源承载力计算公式为：

$$C = \frac{T}{T_0} \cdot \frac{A}{A_0}$$

式中 C 为每日旅游资源承载力，T 为每日开放时间，T_0 为人均每次利用时间，A 为资源的空间规模，A_0 为每人最低空间标准。

旅游心理承载力是指旅游者在某一地域从事旅游活动时,在不降低活动质量的条件下,地域所能容纳的旅游活动最大量(保继刚等,1993)。

由于影响旅游者个人空间的因素复杂多样,大多数情况下难以有一个使所有旅游者都能满意的个人空间值。因此,旅游者平均满足程度达到最大时的个人空间值,就被作为计算旅游心理承载力的基本空间标准。

旅游心理承载力的计算公式为:

$$C_r = \frac{T}{T_0} \cdot C_p \qquad C_p = \frac{A}{\sigma} = K \cdot A$$

式中 C_r 为每日心理承载力,T 为每日开放时间,T_0 为人均每次利用时间,C_p 为时点心理承载力,A 为资源的空间规模,σ 为基本空间标准,K 为单位空间合理承载力。

旅游经济发展承载力是指一定时间、一定区域范围内由经济发展程度所决定的能够接纳的旅游活动量(保继刚等,1993)。

决定旅游经济发展承载力的因素很多,一般分为两个方面:一是旅游内部经济因素,即旅游设施;二是旅游外部经济因素,即基础设施、支持性产业等。由二者所决定的旅游经济发展承载力的计算公式为:

$$C_a = \sum_{i=1}^{m} D_i \bigg/ \sum_{i=1}^{m} E_i \qquad C_b = \sum_{j}^{n} B_j$$

式中 C_a 为由每日主副食供应能力决定的旅游承载力,D_i 为第 i 种食物的日供应能力,E_i 为每人每日对第 i 种食物的需求量,m 为游人所耗食物的种类数,C_b 为由每日住宿床位决定的旅游承载力,B_j 为第 j 类住宿设施床位数,n 为住宿设施的种类数。

如果考虑整个旅游地的承载力,由于旅游地是由景点、景区和非旅游活动区组成,所以旅游地的承载力是从各个景区的承载力和景区间的连接道路承载力之和求得。其计算公式为:

$$Q = \sum_{i=1}^{m} A_i + \sum_{i=1}^{p} R_i + U \qquad A_i = \sum_{i=1}^{n} A_{ij}$$

式中 Q 为旅游地承载力,A_i 为第 i 旅游景区承载力,R_i 为第 i 景区内道路承载力，U 为非活动区接纳游人量，A_{ij} 为第 i 景区内第 j 旅游景点承载力，m、n、p 分别为景区数、景点数、景区内道路条数。

旅游地域社会承载力指由旅游接待地区的人口构成、宗教信仰、民情风俗、生活方式和社会开化程度决定的当地居民可以承受的旅游者数量（崔凤军等，1998）。

崔凤军等为此建立了一个测算公式：

$$TBCI = \text{K} \cdot \frac{RP}{VP} \cdot \frac{1}{L} \cdot \frac{LUA_r}{LUA_t}$$

式中 $TBCI$ 为旅游地承载力指标（Tourism Bearing Capacity Index），表示"在不对旅游地社会经济、自然环境、公共设施产生不利影响的前提下，某一旅游区所能承纳的旅游活动强度的无量纲表示值"，K 为比例常数，RP 为当地居民人数，VP 为旅游者人数，L 为漏损率，$L = 1 - mpc$，mpc 为边际消费倾向，LUA_r 为居民用地面积，LUA_t 为旅游用地面积。在 $VDI = \frac{VP}{RP}$、$EII = \frac{1}{L}$、$LII = \frac{LUA_t}{LUA_r}$ 三式中，VDI 为游客密度指标（Visitor Density Index），EII 为旅游经济收益指标（Economic Income Index），LII 为土地利用强度指标（Land-use Intensity Index），它们分别表示旅游者对当地居民的社会文化冲击、经济发展水平对当地居民接受旅游活动的影响和旅游用地强度对当地居民的社会文化产生的影响。

由于承载力在可持续发展成为共识后成为研究的热点，这一概念被国内外学者广泛使用，甚至出现了一些歧义。旅游承载力的研究也一样，经常出现旅游活动空间承载力、合理承载力、极限承载力和期望承载力混用的情况。1991 年，Canestrelli 和 Casta 提出了一个用模糊线性规划方法对旅游承载力进行定量分析的模型。即在模糊不等式 $a_i X \leqslant b_i$ 的约束下，找一个模糊向量解 X，使模糊集 CX 最大化：

$$\max \quad CX$$
$$\text{s. t.} \quad \begin{cases} a_i X \leqslant b_i \\ X \geqslant 0 \end{cases}$$

其中 a_1，a_2，$\cdots$，a_m 为非松弛向量，表示旅游者对当地的侵害，X 表示旅游人数，b_i 表示旅游承载力。CX 的隶属函数为：

$$u_0(x) = \begin{cases} 0, & CX < b_0 - p_0 \\ 1-t, & CX = b_0 - tp_0 (0 \leq t \leq 1) \\ 1, & CX > b_0 \end{cases}$$

式中 b_0 为目标函数的期望值，$(b_0 - p_0)$ 为 CX 的最小可接受值，t 是期望值 b_0 的不满意度。b_i 的隶属函数为：

$$u_i(x) = \begin{cases} 0, & a_i X > b_i + p_i \\ 1-t, & a_i X = b_i + tp_i (0 \leq t \leq 1) \\ 1, & a_i X < b_i \end{cases}$$

式中 t 是第 i 个约束期望值的波动度，b_i 和 $(b_i + p_i)$ 是相同约束下的最小和最大容许值。

二　旅游承载力构成

旅游承载力决定着旅游业可持续发展的规模极限。随着旅游来访者数量的增多，旅游带给目的地环境和社会文化的消极影响的程度也会随之加深，因而，游客来访量一旦超越当地的旅游承载力，这些程度加深的消极影响便会突破环境和社会文化的自净能力或免疫能力，从而极易使原本的潜在影响转化为现实的严重问题。

旅游承载力是概念体系，所涉及的内容很多。综合国内外学者的普遍看法，根据旅游资源与开发系统的结构，我们认为一个旅游目的地的承载力由五个方面共同构成和确定。第一，环境承载力，指在不至于导致当地生态环境体系发生不可接受的变化这一前提下，环境所能容纳来访游客的最大数量。这是由旅游资源子系统和其所处的地理空间环境决定的。环境承载力一般用自然生态环境和人工每日净化吸收各种污染物数量来衡量。第二，旅游设施用地的承载力，指适合用于建造旅游设施的土地数量以及这些设施的最大综合接待能力（李天元，2000）。这是由旅游区服务业发展水平来决定的，前者可按旅游区类型用旅游设施用地与旅游区面积之比来衡量，后者可用各类标准设施的人均占有量来表示。第三，物质承载力，指在不至于导致当地的旅游吸引力下降的前提下，旅游吸引物所能吸纳来访游客的最大数量（陈安泽，1991）。它由旅游资源子系统、旅游区服务业和旅游客源市场的相互作用决定，目前主要按人均占地面积（或人均旅游线长度）来衡量。第四，社会心理承载力，它包括旅游者的心理承受能力和旅游目的地居民的心理承受能力。前者指旅游者对当地旅游活动所能接待游客的最大数量的认可程度，目前测定的主要方法是问卷调查，可按不同旅游者类型得出人均允许值（占地面积和旅游线长度）来衡量。后者指在旅游目的地居民可接受的旅游业增长与旅游业发展带来的不利影响之间的平衡。第五，经济承载力，指旅游区开发所愿意并且能够支付的能力。

以下就旅游承载力中的环境承载力、物质承载力、社会心理承载力进行阐述。

（一）环境承载力

地球上从无生命到生命诞生，从生物演化到人类的出现，从人类对地球开始产生作用到人类活动已成为地球表层运动强大的驱动因子，人类在近 200～300 年的时间内，已不知不觉地将经历 46 亿年漫长演化和 800 万年前趋于相对稳定的地球表层的环境物质成分进行了巨大的改变。人工合成物质迅猛增多，人类活动强度的大大增加、活动范围的迅速扩展，造成了全球环境的恶化，反过来对人类的生存和发展形成威胁。

旅游活动也是一样，每个特定的环境都具有维持一定量的旅游活动的标准，活动量一旦超出这个标准，旅游环境和旅游活动质量就会受到一定程度的损害。所以，旅游环境承载力有两层意义：①用于描述自然生物环境承受旅游、休憩活动的能力；②用以表示与旅游、休憩活动质量测定相一致的数量。

环境承载力有自然承载力和人为承载力两种含义（王大悟、魏小安，2000），环境自然承载力是在环境"自洁性"功能最大化状态下，环境状况不恶化时的环境容纳污染或其他损害的能力；如果人类自觉行动减少了人类活动对环境造成的某种损害，则这种承载能力被称为环境人为承载力，这种承载力的大小取决于人类的技术能多大程度上"净化"环境以及人们有多少经济能力来对环境进行"净化"。

旅游环境承载力除了受到技术和经济的影响外，还受旅游环境类型和旅游者要求的影响，因而是一种富有弹性和变化的量，也受地方规划目标管理的影响。在敏感的生态地区，必须对环境容量进行旅游活动带的划分，以便在旅游地点和时间上对游客和旅游活动进行分散和引导。

（二）物质承载力

旅游物质承载力在理论上不难被人们所理解，但在实践中往往不大容易被应用。这主要是因为什么时候旅游吸引力下降，以及旅游经历质量下降多少会引起旅游吸引力下降等问题，是由旅游者和旅游目的地的管理者来决定的。也就是说，一个旅游目的地的承载力水平既取决于该地的客观条件，在一定程度上也取决于该地管理者的决策。

现行旅游物质承载力计算主要采用时点容量乘以日周转率的方法，而时点容量由旅游空间规模除以人均空间标准（人均占地面积或人均旅游线长度）得到，如本章第一部分第三个公式。这种主要按人均占地面积（或人均旅游线长度）来衡量旅游物质承载力的办法，是一个理想状态的计算方法，对一些易损坏的旅游资源来说，存在一些问题：旅游者的目的不同，其旅游行为就会不同，对旅游资源的影响就会不同；出于同样旅游目的的旅游者，由于素质不同，对旅游资源的影响也会不一样；旅游组团的规模不同，以及旅游时间的集中度不同，都会对旅游资源产生不同的影响。比如，每 $10m^2$ 可容纳 1 人的两片面积为 $100m^2$ 草质相同的草地，第一片草地进入 10 名躺在草地上沐浴阳光的人，第二片草地进入 10 名踢足球的人，若干时间后，对草地的损坏程度不一样；如果是每 $10m^2$ 可容纳 1 人的两片面积为 $100m^2$ 草质不同的草地，某 10 名踢足球的人在这两片草地上玩相同的时间，对草地的损坏程度也不一样；即使是相同数量的踢球者在相同面积同样质地的草地上踢球，由于其踢球活动的空间分布不一样，对草地的破坏程度也不一样，像大学足球场总是靠球门两端的草地被踩坏，露出裸地，而比赛用的草地被踩坏的程度大致相同。

所以，针对不同的旅游资源、不同的旅游者和不同的旅游活动，其物质承载力的"可接受的"标准就不同，例如，一般陆地占用面积平均 $2m^2/$ 人，可涉足山地平均 $4m^2/$ 人，园林平均 $10\sim25m^2/$ 人，博物馆平均 $8\sim20m^2/$ 人，水面平均 $8m^2/$ 人。如果需要，还可以进一步细分。

因此，旅游物质承载力是一个动态标准体系，"可接受的"这一标准是一个动态过程。当旅游者在旅游活动时空上分布不均，存在高峰和低谷时期时，就要用峰值方法来测算旅游物质承载力。高峰时刻超载问题实际上是一个很重要的问题，高峰时刻过于拥挤必然会导致游客的不满，从而降低游客的效用，如果高峰时刻超载超过某个值，可能造成对旅游设施和旅游环境的严重破坏，甚至酿成事故。在确定任何时期内均可接待的最大的人数时，世界旅游组织曾建议以一定时期内登记的最大游客数的 2/3 为该时期内随时可接待的最大游客数。例如，某地某年登记的最大游客数为 30 万，那么该年内任何时期均能接待的最大游客数为 20 万人。宋子千（2003）用旅游高峰时期的峰值指标法来计算旅游物质承载力。宋子千认为，所谓峰值指标是指旅游空间高峰游客人数占日接待总量的比例，设峰值指标为 K，高峰游客人数为 r，日接待总量为 R，则有 $K=r/R$。若用 $C_0(t)$ 表示旅游空间时点容量，则旅游空间每日的物质承载力 C_0 可以用 $C_0=C_0(t)/K$ 来计算。如果旅游空间由若干基本旅游空间和通道组成，则时点容量可通过加总得到：

$$C_0(t) = \sum_{i=1}^{n} C_i(t) + \sum_{j=1}^{m} E_j(t)$$

式中 $C_i(t)$ 和 $E_j(t)$ 分别指基本旅游空间和通道的时点容量，n 和 m 分别为基本旅游空间和通道的数目。运用峰值指标对旅游空间容量进行计算时必须满足条件：在一定时间范围内，特定旅游空间的峰值指标大致不变。

（三）社会心理承载力

任何生物都需要利用环境中的资源，以得到他们生存繁衍的物质和能量。对于不同生物来说，他们的资源空间和可利用的资源种类是不相同的。

人类在自己的生存与发展中，在利用资源的态度和行为上与其他生物相比有着明显的不同。其他生物在基本的生存和生理需求得到满足以后，就不会再去利用资源，而人类除了生理需求外，还有心理需求。在美国心理学家亚伯拉罕·马斯洛提出的五个需求层次（生理的需求、安全的需求、社交的需求、尊重的需求、自我实现的需求）中，后四个都属于心理需求。人类在基本的生存和生理需求得到满足后，就会产生另一种需求，并为此去利用更多的资源。

从表面上看，资源是人类生存发展活动的条件，但从实际生存角度来看，资源是由人类生存发展活动所构建起来的产物。人类经常能够开拓出新的资源种类，使环境提供的资源承载力不断上升，不断打破旧环境提供的资源承载力制约。

人的需求是异常复杂的现象，人的思维、情绪、意志和性格等的倾向性，决定了人们的旅游需求。人们究竟是保持心理的单一性，还是追求非单一性（复杂性）决定了人们的旅游行为。心理的单一性指人们总是寻求平衡、和谐、相同、没有冲突和可预见性。如果在正常生活中出现了非单一性，人们就会表现出紧张和不安，人们为了消除紧张和不安，常会选择可预见的（单一性）事、物或活动来抵消由非单一性所造成的紧张和不安心理。心理的非单一性是指人们对新奇、出乎意料、变化和不可预见性事物的向往和追求。人们之所以追求复杂性的东西，是因为这些东西本身能给人们带来满足和愉悦，使人们生活得更美好。按照单一性理论，人们在旅游时，只会游览世界著名的旅游景点，只会光顾知名度高、提供标准化服务的饭店，只会乘坐固定时间的飞机和列车，只会选择国际知名的旅行社，等等，因为这些景点、饭店、交通工具和旅行社能为旅游者提供可以预见的服务，会避免不愉快的事件和风险。为防止出现非单一性，人们还会事先预订客房，乘坐由旅行社代办的飞机、火车、汽车，参加由导游带领的旅游团，等等。根据复杂性理论，在旅游环境中，旅游者愿意游览他以前从没有去过的地方，愿意乘坐飞机而不愿意坐火车，愿意光顾不知名的旅店而不愿下榻那些提供标准化服务的、熟悉的、享有盛誉的饭店。对于希望避免单一性或可预见性的旅游者来说，著名的旅游景点、众所周知的饭店和熟悉的交通工具所能满足的单一性需求或可预见性需求太多了，会令他感到厌倦，他要获得全新的刺激和与以往有所不同的感受。

单一性和复杂性这两种看起来矛盾的概念，都能解释在旅游环境中所出现的许多现象。人的中枢神经系统具有处理传入刺激的能力。但刺激过多或持续时间过久，这个系统就不能以最佳状态进行工作，反而会使人的许多心理功能遭到损害。一个适应性良好的人，在自己的生活中需要单一性和复杂性的平衡。由于人们所处的环境不同，环境所提供给人们的单一性和复杂性程度存在着很大差异。一个生产线上的产业工人，日复一日、年复一年干着同一种工作，为了逃避紧张的生活和工作，改变与世隔绝、枯燥、烦闷的单一环境，他可能选择一处远离工业区的风景点、疗养地去度假，或到歌舞厅、酒吧去寻找刺激。而工作在高度兴奋环境中的高级经理，由于他每天总是和不同的人打交道，在不同的场所谈生意，在复杂和无法预见的情境里处理工作、谈判等，他需要的可能是一个安静的度假地或在家里悠闲地度过一段时光。

在现实生活中，如果环境的单一性或复杂性并不过分，大多数人对这样的环境还是欢迎的。但有些人大量需要单一性或复杂性，而另外一些人所需要的单一性或复杂性的信息量很有限。因此，人们一般要设法使单一性需求和复杂性需求保持最佳的心理紧张程度的平衡。

如果单一性过多，人会产生厌倦；如果复杂性太多，人会产生恐惧（见图7-1）。

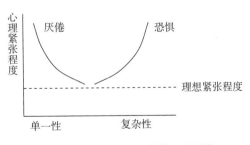

图7-1　单一性、复杂性心理平衡

因此，不同的旅游者因对体验的需求不同会产生不同的旅游心理承载力。旅游者在与当地人接触时产生社会压力的根源是多方面的，旅游者在新的环境中感到无所适从（R. Schreyer, 1976），仅此一点就会影响旅游者的安全感和情绪（Lynch, 1960）。而且，旅游者也会因为自己的经历增多和收入水平的提高而产生不同的心理承载力。发达国家和地区的旅游者，特别是澳大利亚、日本、欧洲和北美的旅游者，越来越注重度假目的地自然和文化环境的质量（Moore 和 Carter, 1993）。目前学者对旅游者心理承载力的测算主要通过问卷调查的方法。Pearce 曾对访问希腊和摩洛哥的英国旅游者进行了一项关于旅游者对被访问国家态度的调查（Pearce, 1977），被调查的对象是随廉价旅行团前往这两国进行 2~3 周旅行的青年人，问卷调查结果显示，他们主要感兴趣的是消遣、饮酒以及与伙伴们在阳光灿烂的新奇环境中共度美好时光。在爱尔兰海滩，研究者从空中进行拍摄，来分析旅游者的分布情况，并根据调查问卷分析，得出旅游地爱尔兰海滩的心理承载力为 $10m^2/$人。

对于目的地居民的心理承载力，尽管旅游者的介入会对旅游地的社会和环境产生一些负面效应，但是，旅游作为促进经济增长的来源来说，还是比其他产业更有优势，因此，他们仍能支持旅游业的发展。在旅游者带来的文化冲击作用和旅游目的地需求的内应力作用下，旅游地的社会心理承受能力增加。Mercer 于 2001 年提出，一旦外界冲击力和目的地内应力作用发生偏差，系统结构的不协调就会暴露，旅游开发的负面效果也会随之物化，旅游地对旅游业的不满、抗拒甚至排斥也将显现。

1989 年，在南澳大利亚州发生了当地人对旅游的抵制运动，该州有突出的经济问题，失业率居高不下，因此，人们对旅游曾寄予厚望。争端的缘由是所谓州政府、联邦政府和开发商未能完全深入地与当地土著社团谈判，最为严重的是，他们未能适当地考虑"女人的知识"（这与这个地区秘密的繁育之地的位置和功能相关）等敏感性问题。此后，南澳洲政府于 1991 年计划在墨里河入海口附近修建一座连接鹿泽岛和大陆的大桥，目的是为岛上居民的发展开辟路径，但这引发了土著人人权、环境保护组织和教会群体的强烈反对，他们认为这会使本地区特别是当地土著人（纳利杰利人）的精神价值受到巨大伤害，1994 年联邦土著事务部下令禁止该地区造桥，并保护 25 年。

不同国家和地区的旅游发展表明，在旅游发展过程中，旅游业与目的地居民之间的关系会发生变化，由居民支持旅游业到旅游业发展受到阻碍（D'Amore，1983）。但是许多旅游地的居民是热情、友好地参与旅游开发的，这在过去常常被忽略。从上面的分析可以看到，旅游地的心理承载力是一个不容易量化的概念，它依赖于居民对旅游业的感性认识和旅游业发展的影响，许多文献中以游居比（游客与居民的人口之比、游客床位与当地居民床位之比、游客对公共设施的使用与居民对公共设施使用的比较等）来衡量。

万建香（2003）在其硕士论文中对龙虎山风景名胜区当时的旅游承载力进行了具体计算。

（1）环境承载力。由于龙虎山风景名胜区的工业污染尚未构成威胁，而水的污染及处理措施值得关注，所以以水的污染为例。龙虎山给水排水工程现状概况如下。一方面龙虎山由于砂岩裸露，植被稀疏，林地土壤涵养水源能力差，故水源不足。但由于风景区河流、湖泊较多，为取用地表水或浅层地下水提供了条件。另一方面，水为天然河水，未经处理就可以直接饮用，水源点位置不好，主要景点在仙水岩上游300m左右，水源点没有采取任何措施，现已有污染情况，随着旅游业进一步开发，水源污染将更为严重，是多种疾病产生和传播的主要原因。

龙虎山景区（包括两镇和风景旅游点）总给水量为2735t/日，总排污量为2177t/日，景区常住人口为8290人，景区高中低档床位共有2670个，假设床位入住率为80%，污水排放量为用水量的80%，则景区每天居住总人数为8290 + 2670 × 80% = 10426人，所以每人平均日用水量为2735/10426 ≈ 0.262t = 262kg，每人平均日排污水量为262 × 80% ≈ 210kg，按照公式：

$$Q \leqslant (S+E)/P \times 年接待日$$

其中S为自然界一天能净化污水量，E为每天需人工处理的污水量，P为每位游客每天产生的污水量。景区每天至多可服务人数为2177 × 1000/210 ≈ 10367人，所以每天至多接待外来游客数为可接待人数 - 常住人口 = 10367 - 8290 = 2077人，按每年260天计算，龙虎山风景名胜区每年至多可接待游客量为 2077×260=54 万人，即环境承载力为 $Q \le 54$ 万人。

（2）物质承载力。采取卡口容量法、游线容量法和景点面积容量法分别计算，综合选定合理容量值。

芦溪河仙水岩河段是当前和近期的主要游览地点，也是游人必游之处，故以此河段作为卡口计算对象。溪段长 3000m，游船长 10m，前后船间距 50m，每船乘客 20 位，芦溪河瞬时环境容量为 3000/60×20=1000 人，每船游程时间为 2 小时，一天可游 8 小时，其周转率为 8/2=4 次/日，平均游程为 2 日，年可游天数 260 天左右。年游人饱和系数为 0.8，则风景区年允许接待容量为 1000×4×260×0.8×2=166.4 万人。

龙虎山主要以步行游览，游步道总长达 12km。全风景区的游步道长度可达 55km，可以此作为游线容量法计算的对象。龙虎山景区游步道总长 12km，进入龙虎山景区的游客将近占 100%。每次旅程 4 小时，每日两次旅程。单位长度指标取 8m/人，龙虎山景区瞬时环境容量为 12000/8=1500 人；龙虎山景区年允许接待容量为 1500×0.8×260×1×2=62.4 万人。龙虎山全风景区游步道总长 55km，以 2.5 个游日计算，龙虎山全风景区游步道年允许接待容量为 55000/8×0.8×260×2/5×2=114.4 万人。

天师府是当前仅存的道教建筑，为近期游人必到之处，故以天师府作为景点面积容量法计算对象。天师府占地面积 36000m²，单位面积指标取 40m²/人（也即人均占地 40m² 时，游客不会觉得人满为患，旅游经历质量不会下降），天师府景点瞬时环境容量为 36000/40=900 人；每批游客逗留 1 小时，每日适游 8 小时，周转率 8 次/日，可游面积系数 0.8。所以风景区年允许接待容量为 900×8×0.8×260×0.8×2≈239.6 万人。

比较以上三方面计算的各景点和旅游步道空间容量，取最小值为风景区物质承载力为：

$$\min(166.4, 239.6, 114.4) = 114.4$$

即景区物质承载力为 $Q \le 114.4$ 万人。

（3）社会心理承载力。龙虎山风景名胜区居民数 $Q_r = 2.98$ 万人；游客与居民之比 $C_r = 20\%$（取武夷山游居比作为参考），按公式：

$$Q/Q_r \times 年接待日 \leqslant C_t$$

年游客接待量 Q：

$$Q \leqslant C_t \times Q_r \times 260（假设年实际接待日为 260 天）$$
$$= 20\% \times 2.98 \times 260 \approx 155 \text{ 万人}$$

（四）旅游承载力构成之间的关系

一个旅游地能够接待的旅游者数量，取决于其承载力，这意味着任何一个层面的承载力被突破，都会使原本潜在的消极因素转化成有危害的现实问题。但是这五种旅游承载力并不是孤立存在的，无论哪一种旅游承载力，都与旅游者的观念、旅游活动的类型、旅游地自然状况、旅游地居民的观念、旅游地管理水平相关。

随着旅游人数的增加，经济效益就增加，环境效益逐渐减少，旅游者和当地居民的心理压力增大，社会效益随之下降，从而旅游人数减少，最后又导致经济效益下降。如图 7-2 所示。

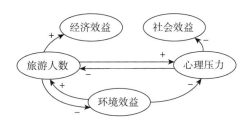

图 7-2　旅游承载力之间的制约关系

一个基本假设是成立的：旅游者总是追求旅游经历愉悦的，目的地总是追求经济效益的。如果单单看物质承载力，当然是越大越好，它是尽可能以最大经济效益为目标的，但这会导致可容纳的旅游人数增多，牺牲环境效益。同样，如果孤立地看旅游者或旅游地的心理承载力，则一定以环境效益或社会效益最大化为目标，但这会牺牲旅游地的经济效益。一般来说，旅游经济承载力大，说明这一地域社会经济发展水平高，或者旅游资源开发已久，公众对旅游者的行为方式已习惯，旅游社会心理承载力也就大。

三 承载力与收益、成本、旅游者效用分析

随着世界旅游业的蓬勃发展，各国政府都非常重视旅游资源的开发和利用。中国政府也十分重视旅游资源的开发，制定了一系列方针政策，强调科学的发展观，坚持可持续发展战略。旅游可持续发展是要在满足旅游者和旅游地居民需要的同时，保持和增加未来的发展机会，要增进人们对旅游所带来的经济效益的理解，偏离可持续发展的轨道是不可接受的。除了考虑为旅游者提供高质量的旅游体验，以及改善旅游接待地居民的生活质量外，还要考虑保护未来旅游开发赖以生存的环境，促进旅游的公平发展。例如，生态开发强调利用自然资源、利用合适的技术、考虑现有的生态环境系统及当地文化，从而能恰如其分地运用社会及政治力量。所以，对旅游过程中各方的承载能力，要强调在一定空间、一定经济规模和一定的科技水平条件下，通过合理分配和有效利用旅游资源，获得合理的社会、经济、环境效益来分析。若孤立地看待物质承载力，必然会导致以最大化经济效益为目标的行为的产生；如果单从环境效益考虑，虽然环境得到了保护，但社会效益没有发挥出来，人们的旅游效益就没有得到体现。在旅游业的发展过程中，政府决策者和旅游业管理经营者既要承受市场压力，大力发展旅游业，以赢得更加公平的发展机会，充分合理地利用本国、本地区的各种资源，按照最适于本国、本地区的发展策略，自主安排发展本国、本地区的旅游业，增强本国、本地区的经济实力及综合国力，又要兼顾环境保护与社会公平的要求。只有在既坚持获得和社会发展相协调的经济、环境效益，又坚持公平、持续、科学的发展观，综合分析旅游承载力的构成成分，才能处理好旅游发展与资源保护之间的关系。

（一）旅游目的地收益和成本分析

由于旅游设施用地承载力、物质承载力、环境承载力、社会心理承载力和经济承载力五个方面相互影响、相互制约，所以它们之间能够相互协调地运转，是旅游可持续发展的前提。无论什么旅游地，旅游资源都是一

个有限的量，承载力管理所涉及的是在自然环境和旅游者经历之间保持平衡。根据当地的旅游资源、旅游区服务业状况，可以计算出旅游设施用地的承载力、物质承载力和环境承载力。在游客数量开始达到抑制目的地提供良好游客经历的能力的程度时，关键的承载力"门槛"就出现了。根据不同客源市场情况，可以确定社会心理承载力，限制这些承载力达到上限的关键指标是与可确认的市场需求下降相关联的。尽管许多因素会引发某一旅游区的市场需求下降，但通常认为游客需求的真正下降往往是由于目的地超出了某些合意的条件。当这些标准受到影响时，就应当采取直接或间接的管理行动，根据当地社区制定合意条件，采取行动增强旅游目的地吸引旅游者和重新激发游客兴趣的能力，或者有效地遏止旅游活动的有害方面，从而把旅游影响降低到一个适度的水平上，这要求在社会各利益相关者（例如政府、当地居民、开发商、经营者等）协商一致的基础上，确定目的地区域的合意条件以及如何有效地管理旅游才能达此目标。根据当地旅游交通业状况、旅游客源市场发展可确定其经济承载力，旅游市场接待量的增减变动与旅游客源市场规律密切相关，在交通基础设施薄弱的地区，能否对交通建设实行政策倾斜，结合当地发展经济的需要，构建陆地、空中和水上立体通道，解决发展旅游所存在的交通"瓶颈"问题，是分析经济承载力的关键因素。

为了简化旅游承载力模型，我们对旅游资源的所在地政府（包括当地居民）、旅游区服务业（包括旅行社、宾馆、餐饮行业、商店等）、旅游交通业和旅游者提出一些假设。第一，政府及当地居民与旅游区服务业的利益一致，但也承担保护旅游资源的任务，即投入一定资金维持旅游资源一定的自然生态环境的再生能力。第二，暂不考虑旅游交通费用，也不考虑旅游者在旅游目的地停留时间的差异。第三，旅游收入来源于旅游者的支出；旅游者的收益来源于当地政府及当地居民、旅游区服务业所提供的各种服务和产品时所获得的效用。第四，政府根据游客情况有权招收或解聘旅游业从业人员，以扩大接待能力或减少运营成本。

那么，旅游目的地总收益 $Y(N)$ 可用如下数学表达式表示：

$$Y(N) = NP + S(N)q$$

其中 N 为旅游目的地接待的旅游人数, P 表示旅游者人均旅游花费, $S(N)$ 表示旅游区自然生态环境的再生能力, 可用自然生态环境每日净化吸收各种污染物的总量表示, q 是单位污染物人工处理所付出的代价。

随着旅游者的增加, 旅游区自然生态环境会遭到损害, 其再生能力开始下降, 而且当旅游者数量越来越多时, 其再生能力下降的速度也越来越快, 因此, $S(N)$ 满足 $S'(N) < 0$ [虽然 N 是离散变量, 但可以把 $S(N)$ 拟合成一条光滑的曲线, 其他有关 N 的函数与此相同], $\lim\limits_{N \to 0} S'(N) = 0$, 且 $S''(N) < 0$。 $S(N)q$ 表示生态收益, 因为如果不是由自然生态环境净化, 而纯粹是由人工处理, 则这部分只能作为成本计算。

对上式关于 N 求导, 可得 $Y'(N) = P + S'(N)q$, 所以, 当 $S'(N) > -P/q$ 时, 有 $Y'(N) > 0$, 当 $S'(N) < -P/q$ 时, 有 $Y'(N) < 0$。这表明, $Y(N)$ 并不一直是 N 的增函数, 而且 $S(N)$ 的下降速度如果超过了 P/q, 则旅游目的地的收益也将随着 N 的增大而减少。

旅游者的到来除了给旅游目的地带来收益外, 也必然对旅游目的地产生一定的负效用, 如使当地居民生活空间相对减少, 使当地公共服务供给相对紧张, 等等。所以, 随着旅游者人数的增长, 旅游目的地的总成本也会相应增加。如果用 $C(N)$ 表示旅游目的地的总成本, 则:

$$C(N) = C_0 + NVq + f(N)$$

其中 C_0 为固定成本, N 为游客人数, V 为每位游客一天产生的各种污染物的总数量, q 为单位污染物人工处理所付出的代价, $f(N)$ 表示除此以外的其他可变成本。随着旅游人数的增加, $f(N)$ 也将增加, 但旅游目的地经济条件的限制使得增加的速度会越来越慢。所以, $\lim\limits_{N \to 0} f(N)$ 满足条件: $f'(N) > 0$, $f'(N) = 0$, $f''(N) < 0$。

旅游目的地所得到的总利润应该是总收益减去总成本后的差值, 即:

$$\pi = Y - C(N) = NP + S(N)q - C_0 - NVq - f(N)$$

旅游目的地政府及当地居民、旅游区服务业追求总利润的最大化, 同时受制于一些约束条件，即：

$$\max_{N} \quad \pi$$

$$\text{s. t.} \begin{cases} S(N) \geqslant S_0 \\ N \leqslant \sum C_i A_i \\ N \leqslant \sum AB_j D_j \\ N \leqslant LH \end{cases}$$

其中，S_0 为以可持续发展为指导、当地要求的最低限度的自然生态环境再生能力；C_i 为各类旅游资源的物质承载力；A_i 为各类资源的数量（转化为面积或长度来计量），$A = \sum A_i$；B_j 为旅游目的地对各类设施的承载力；D_j 为各类设施的标准接待能力；L 为旅游目的地居民人口；H 为旅游目的地社会心理承载力（可用游居比表示）。

（二）旅游者效用分析

旅游者在旅游目的地的行为，是一种融行、游、住、食、购、娱等各种要素于一体的总体行为，旅游者所购买的不是一般商品，而是一种体验。通过外出旅游，旅游者可以放松身心、积累文化知识、见识民风习俗、提高自身价值等。因此，客源地人们就在外出旅游、提高自身价值、得到社会尊重、更好地投入本地经济发展、更进一步增加外出旅游的经济收入这一反复过程中形成良性循环。

旅游者在旅游过程中所得到的收益就是购买这种体验得到的效用。如果用 $U(N)$ 表示全体旅游者的总效用，则每个旅游者的效用为 $X(N) = U(N)/N$，按照边际效用递减原理，每个旅游者的效用随着 N 的增加而减少。旅游者之所以成行，是由于旅行者所获得的效用 $X(N)$ 与他所支付的成本 P 之差必须维持在某个水平 $X_0(>0)$ 之上，否则他就不可能去旅游目的地。因此：

$$X(N) - P \geqslant X_0$$

该式意味着，人为增加 P 值可以使去旅游目的地的人数减少。而在价格 P 不变时，若旅游人数增加，则旅游者的效用水平会降低。

对于每个旅游者来说，当然是效用越大越好，但是由上式可知，他的旅游活动能成行的最低条件是 $X(N) - P = X_0$，此时，总效用为 $U(N) = NP + NX_0$。达到均衡时，总效用应该与旅游目的地的总收益相等，即有 $U(N) = Y(N)$。所以，再由上式，可得：

$$S(N^*) = N^* X_0 / q$$

该式左边 $S(N)$ 是自然生态环境的再生能力，它是一个随着 N 增加而减少的函数，右边是一条斜率为 X_0/q 的直线。曲线 $Z = S(N)$ 和直线 $Z = NX_0/q$ 的交点 N^*，为效用与收益达到一致时的均衡点，即愿意前往旅游目的地的最大旅游人数。如图 7 - 3 所示。

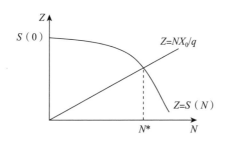

图 7 - 3　愿意前往旅游目的地的最大旅游人数

在其他条件不变的情况下，X_0 越大，N^* 就越小，q（单位污染物人工处理所付出的代价）越大，N^* 就越大，即人工对自然生态环境再生能力替代越艰难，N^* 就越大。

当 $N < N^*$ 时，则 $S(N) > NX_0/q$，这时说明旅游区自然环境的再生能力还有余力接纳更多的游客，或者说旅游业的收益和游客的效用均有上升空间，这时可以增加旅游者的数量；当 $N > N^*$ 时，则 $S(N) < NX_0/q$，这时说明旅游区自然环境的再生能力已超负荷，旅游业的收益和游客的效用都将受损，这时应该抑制旅游人数的增长。

（三）旅游承载力的确定

对于旅游目的地来说，其追求的是利润 π 的最大化。利润 π 最大化的一阶必要条件是 $\frac{\partial \pi}{\partial N} = 0$，可得，在某点 N^{**} 有：

$$P + S'(N^{**})q = Vq + f'(N^{**})$$

该式右边 $Vq + f'(N)$ 表示旅游目的地总成本的边际成本，该式左边 $P + S'(N)q$ 表示边际收益 ［注意 $S'(N) < 0$］。当 $N = 0$ 时，$P + S'(N)q$ 为 P，$Vq + f'(N)$ 为 Vq，一般 $P > Vq$。所以，可认为边际成本曲线 $P + S'(N)q$ 和边际收益曲线 $Vq + f'(N)$ 交于 N^{**}（见图 7 - 4）。

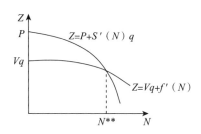

图 7 - 4 目的地愿意接待的旅游者最大数量

如果不考虑限制条件，则两条曲线的交点 N^{**} 即目的地愿意接待的旅游者的最大数量 ［当 N^{**} 不满足限制条件 $S(N) \geqslant S_0$，$N \leqslant \sum C_i A_i$，$N \leqslant \sum AB_j D_j$，$N \leqslant LH$ 时，可以取限制条件中的 N 中的最小值作为 N^{**}］。

当 $N^{**} < N^*$ 时，说明旅游目的地愿意而且能够接待的旅游者数量小于来旅游目的地的旅游者数量，这时旅游目的地会出现拥挤现象，或者是目的地的标准设施已客满，或者是旅游景点人满为患，或者是当地居民对因旅游者增加而导致的不满情绪上升，在信息共享的情况下，可以通过提高旅游者的人均成本 P 来抑制旅游人数的增长，或者加大旅游资源的开发力度。当 $N^{**} > N^*$ 时，表示旅游目的地愿意而且能够接待的旅游者数量大于来旅游目的地的旅游者数量，说明旅游者数量未达到最佳的效益点，可以通过降低旅游者的人均成本 P 来刺激旅游者，增加一些旅游者数量，从而增加旅游效益。当 $N^{**} = N^*$ 时，旅游目的地政府（包括当地居民）、旅游区服务业（包括旅行社、宾馆、餐饮行业、商店等）和旅游者之间达到收益与效益的均衡。

以上根据旅游者愿意前往旅游目的地的最大旅游人数和目的地愿意接待的旅游者最大数量两方面来分析旅游承载力的变化规律。旅游承载力是市场驱动的，是随着地理位置的不同和当地经济、社会、政治与环境状况的变化而随时变化的，也会因对旅游影响当地条件的理解不同而不同。根据旅游承载力的变化，制定和实施能够控制旅游带来的变化和影响的速度与方向的管理战略，并采取相应的措施，以协调旅游者、旅游资源消耗、旅游资源保护和社会经济发展之间的关系，是十分必要的。

四 旅游资源价值保值

根据前面的分析，旅游资源开发超过旅游资源承载力，会降低旅游资源价值，一个价值保值的方法之一，就是加强旅游承载力管理。承载力管理的概念（Williams 和 Gill，2001）是涉及旅游增长的核心问题。

理论上，旅游承载力可从各个角度来讨论，但是实践上如果拘泥于简单的数字计算，可能会导致失败。于是，对旅游承载力的应用，研究者们提出了一个替代方法。新方法从过去的设置一个合理的使用限度，转向确定旅游地合意的环境、社会和经济条件，并着眼于制定促进旅游增长的管理战略来对旅游承载力提出管理的技术。

一个旅游接待地的承载力实际上同该地的旅游管理能力有很大的关系。以接待条件和游客类型都基本相同的两个旅游目的地为例，在游客接待量相同的情况下，其中一个目的地出现了严重的环境或社会问题，而另一个目的地却没有出现同样的后果。从一个旅游目的地的旅游活动演进过程来看，其经历了旅游开发、发展、巩固、停滞和复兴（衰退）五个阶段，如图 7-5 所示。旅游地这种生命周期发生变化的原因是该处旅游资源的吸引力发生了变化。旅游吸引力下降在很大程度上是旅游者主观兴趣的反映，但也可能是由于目的地超出了某些合意的条件，突破了某个层面的旅游承载力，这时，就应当采取直接或间接的管理行动，重新激发游客的兴趣，加大目的地对旅游者的吸引力，或者有效地遏制旅游活动的有害方面，把负面影响降低到一个较低的水平。

这种承载力管理的方法，要求居民、开发商、经营者、政府等各利益相关者在协商一致的基础上，确定目的地区域的合意条件以及如何管理才能达此目标。合意条件随着时间和规划与管理方式的不同而变化（Martin 和

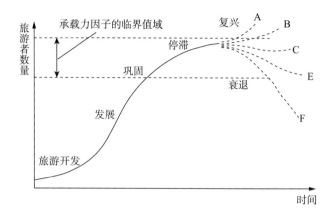

图 7 - 5　旅游地演进过程

资料来源：P. W. Williams，A. Gill：《旅游承载力的管理问题》，载于 William Theobald 主编《全球旅游新论》，张广瑞等译，中国旅游出版社，2001。

Uysal，1990），因此，需要分别将各个层面的旅游承载力加以分析，形成一整套管理指标体系。

（一）旅游承载力限制因素

旅游承载力涉及众多的影响因素，包括政策、经济、生态系统、旅游者经历和居民经历等在内的多个方面。在旅游承载力管理过程中，一个目的地所处的旅游发展阶段、社会经济状况以及当地居民与旅游者的接触程度等都会出现变化，要根据每个地方的具体情况来考察不同的限制因素。在旅游开发阶段，要优先考虑目的地经济条件或居民与旅游的关系；而在旅游发展阶段，则要考虑旅游者的需求。为了满足旅游者的需求，当地可能会鼓励加快旅游设施的建设，开发商的利益就会得到实现；如果所需的旅游设施已具规模，而当地居民的生活质量仍未得到提高，则该地旅游业的长远发展就会面临危险。因此，旅游承载力管理，不仅是旅游管理部门的工作，而且是与整个目的地区域的社会经济管理目标联系在一起的。旅游承载力可以被看成当地社会经济管理目标的函数，而不仅是凭资源基数就可以决定的。

一个旅游目的地旅游发展的理想状态，是由一系列旅游承载力指标来刻画的。制定出一整套监测旅游发展状态的指标并为此建立数据库和环境管理系统，依据这些指标数据去实施或调整旅游管理，并随着当地所处旅游发展阶段的社会、经济变化来及时评价和调整优先考虑的目标和任务，是旅游承载力管理的关键工作。

GIS技术、互联网和物联网的进一步发展可以为旅游承载力管理提供必要的、精确的、翔实的空间信息，为各旅游地旅游活动空间布局的动态变化做出持续的监测，为更好地诊断区域资源禀赋和区域经济合作提供一种有效的技术支持。

（二）旅游承载力管理过程

对于目的地旅游承载力的管理，应当以当地的社会经济发展规划为基础，根据旅游资源的特征与质量，按照社会经济管理目标去组织实施。参照甘筱青的旅游资源与开发系统结构图，我们认为其大致过程如下。

（1）旅游资源是旅游资源与开发系统的核心部分，必须对它进行认真考察，确定当地的旅游资源特征与质量，明确区域层次在国家、地区和世界范围内扮演的角色。

（2）关注旅游者与当地居民的利益均衡，兼顾全社会参与者的利益，旅游开发者、旅游区服务业、旅游地交通业、旅游企业、管理者、政府等都应该服从当地旅游发展的大目标。

（3）根据旅游地不同区域的资源特征和资源利用程度以及不同旅游活动或其他活动的痕迹归纳和描述其旅游吸引力，并根据旅游客源市场旅游者的行为特征、经济水平、体验需求做出适合当地旅游发展的有关判断。

（4）根据有关旅游资源状况和社会经济状况建立旅游承载力监测指标，并确定"可接受的"每一项指标的标准。

（5）实施监测计划，根据既定指标，检查和监视旅游发展在这些方面的实际影响，并根据监测结果采取相应措施，如果旅游资源或社会经济状况恶化，就应采取新的管理行动，以制止这种不良趋势。

（6）随着时间的推移，根据社会经济的发展情况或突发事件，修改或调整旅游承载力监测指标，以使旅游承载力管理成为一个动态发展过程。

（7）注重旅游高峰指数管理，如在中国，随着政府对"黄金周"旅游的推行，居民出游率迅速增加。为了满足"黄金周"和旺季的旅游需求，要相应增加景区的旅游设施和服务设施。但是，到了淡季或其他时期，游客减少，相应旅游设施和服务设施利用率大大降低，如何安排旅游和服务设施，既满足旅游旺季和"黄金周"的需求，又不致使淡季旅游和服务设施闲置率太高，旅游高峰指数管理显得尤为重要。

在实施监测后所采取的新管理行动中，必须引导旅游业朝着既定目标发展。但是，在当地居民生活质量受到影响，甚至对游客产生抵触情绪时，就需要政府发挥作用，进行政策引导，提高居民的心理承受限度，使旅游目的地居民热情、友好地参与旅游发展。具体做法包括：第一，开发规划时，要有宣传，向居民大众展示旅游业的社会经济效益；第二，根据全面发展的目标和当地居民认可的优先顺序发展旅游业；第三，对当地旅游吸引物进行宣传要考虑当地居民的认可程度，制定既有理想气魄又脚踏实地的旅游发展目标，并以此来激励居民、调动居民积极性；第四，协调公众和个体努力，以保证旅游地休憩、娱乐项目的完整性和质量；第五，促进当地居民更大程度地参与旅游业发展，以使他们的传统习惯和生活方式受到尊重；第六，将当地的资金、企业活动和劳动力市场投入当地旅游业的发展，促进当地企业活动和劳动力市场与当地旅游业相联系；第七，在设计大型旅游活动方面，要有尽可能广泛的社会群体参与；第八，旅游地开发应精准地反映当地历史、生活方式和地理环境的主题和事件；第九，各级部门尽可能多地注意旅游业发展过程中出现的各种问题，并及时处理。

参考文献

杨锐：《风景区环境容量初探——建立风景区环境容量概念体系》，《城市规划汇刊》1996 年第 6 期。

张文奎：《经济旅游地理》，山东科技出版社，1985。

崔凤军、刘家明、李巧玲：《旅游承载力指数及其应用研究》，《旅游学刊》1998 年第 3 期。

保继刚等:《旅游地理学》,高等教育出版社,1993。

崔凤军:《论旅游环境承载力》,《经济地理》1995 年第 1 期。

李天元:《旅游学概论》,南开大学出版社,2000。

陈安泽:《旅游地理学概论》,北京大学出版社,1991。

王大悟、魏小安:《新编旅游经济学》,上海人民出版社,2000。

宋子千:《峰值指标:旅游空间容量估计的一种新方法》,《北京第二外国语学院学报》2003 年第 5 期。

Mercer,D.C.:《旅游与当地居民的不和谐关系:澳大利亚的经验》,载于 William Theobald 主编《全球旅游新论》,张广瑞等译,中国旅游出版社,2001。

万建香:《以开发为导向的旅游业的可持续发展》,硕士学位论文,2003。

谌贻庆、甘筱青:《旅游资源与开发系统的承载力分析》,《江西社会科学》2004 年第 4 期。

P. W. Williams,A. Gill:《旅游承载力的管理问题》,载于 William Theobald 主编《全球旅游新论》,张广瑞等译,中国旅游出版社,2001。

O'Reilly,A. M.,"Tourism Carrying Capacity",*Tourism Management*(4).

Wagar,J. Alan,*The Carrying Capacity of Wild Lands for Recreation*,Forest Science Monograph 7,Washington,D. C.:Society of American Foresters,1964.

Shelby,B. and Heberlein T. A.,*Carrying Capacity in Recreation Settings*,Oregon State University Press,1977.

Doxey,G.,"A Causation Theory of Visitor-Resident Irritants:Methodology and Research Inferences",*Travel and Tourism Research Association Annual Conference*,San Diego,CA:TTRA,1975.

Butler,R. W.,"The Concept of a Tourist Area Cycle of Evolution:Implications for Management of Resources",*The Canadian Geographer*(1)1980.

Mathieson,A. and Wall,G.,*Tourism:Economic,Physical and Social Impacts*,Essex,UK:Longman,1982.

Stankey George H.,"Limits of Acceptable Change:A New Framework for Managing the Bob Marshall Wildness Complex",*Western Wildlands*(3)1984.

Williams,P. W. and Gill,A.,*Tourism Carrying Capacity Management Issues,in Global Tourism:The Next Decade*,Ed. By Theobald,W. F.,Butterworth-Heinemann Ltd,Oxford,1994.

Canestrelli E.,Casta P.,"Tourism Carry Capacity—a Fuzzy Approach",*Annals of*

Tourism Research, 1991.

R. Schreyer, *Sociological and Political Factors in Carrying Capacity Decision-making*, VS: Fort Worth, TX. , 1976.

Lynch, K. , *The Image of the City*, Cambridge: MIT Press and Harvard University Press, 1960.

Moore, S. and Carter, B. , "Ecotourism in the 21st Century", *Tourism Management*, 1993.

Pearce, P. L. , *The Social and Environmental Perceptions of Overseas Tourists*, Unpublished D. Phil, Thesis, University of Oxford, 1977.

D'Amore, L. J. , "Guidelines to Planning in Harmony with the Host Community", in Peter E. Murphy, eds. , *Tourism in Canada: Selected Issues and Options*, Victoria, BC: University of Victoria, 1983.

Martin, B. S. and Uysal, M. , "An Examination of the Relationship Between Carrying Capacity and the Tourism Lifecycle: Management and Policy Implications", *Journal of Environmental Management* (4) 1990.

第八章　旅游资源价值评价

　　人类劳动成果从物与物交换转变为以货币为媒介交换的时候，就有了商品经济，那时商品经济是以交换劳动成果为主。随着社会分工的不断细化，土地、资本、设备、技术等生产的必要条件也需要通过市场机制来进行配置，这时就产生了对进入市场的生产要素进行定价的客观需求。现代产权理论的发展，又使得生产要素与产权在市场上的流动、组合，不仅仅局限于所有者之间或所有者与使用者之间，而且存在于不同占有者与使用者之间，这就扩大了对价值评价的需求。

　　由于体验经济的迅速发展，旅游资源价值评价就显得更加重要，旅游资源价值评价就是从合理开发利用和保护旅游资源以及取得最大的社会、经济、环境效益的角度出发，运用某种方法，对一定区域内旅游资源价值及其外部开发条件等进行专项或综合评判的过程。旅游资源价值评价是一项极其复杂的系统工程，这主要是由于旅游资源涉及范围非常广泛，结构十分复杂，种类及性质又千差万别，不同民族、不同职业、不同文化背景、不同阶层的人群往往有着不同的心理结构。本章围绕旅游资源的评价，论述旅游资源价值的评价过程，利用建立的旅游资源与开发系统结构和适当的评价方法对江西龙虎山风景名胜区的旅游资源价值进行分析评价；研究龙虎山旅游资源的现状和旅游吸引力、旅游承载力情况，论述龙虎山风景区在旅游业市场竞争中面临的机遇和挑战，以及龙虎山风景区旅游资源开发和客源市场开发的策略，建立龙虎山风景区可持续发展的综合评价的原则和指标体系，从系统的观点对其可持续发展进行综合评价。

一 评价过程

在《宋史·戚同文传》中，有一句"市物不评价，市人知而不欺"，此处"评价"是还价的意思。随着历史的发展，"评价"演变成为衡量人或事物的价值的意思。在实际生活中，评价、评估、评定、评鉴、估价等概念的使用比较混乱，它们被当作同义语使用的情况屡见不鲜。在系统科学和经济科学中，中国学者常把"评价"与"评估"当成内涵相同不过运用起来略有不同的两个术语。一般来说，在系统分析、学术研究中，多用"评价"，其多为名词，而较少被用作动词；在经济、财政、金融等实务中，采用"评估"，其既为动词，又为名词。在国外，理论界和实际工作者对这些术语的用法也并不规范，在英文中就有 evaluation，assessment，appraisal 和 measurement 等词。

对旅游资源价值进行评价，首先要把所涉及的东西看成一个系统，研究其结构、组成部分的相互作用、系统环境状况等；其次要对旅游资源、旅游客源市场等进行相关调查；再次对调查数据进行整理、处理、分析，建立评价模型；最后做出评价结论。

（一）旅游资源价值定性评价

定性评价是通过人们的感性认识，对旅游资源价值做出的评价，一般是评价者在收集大量的旅游资源信息的基础上，凭经验主观判定旅游资源的价值。其一般采用民意测验法和专家评议法。

定性评价主要可分为一般经验评价和美感质量评价。一般经验评价是旅游者在问卷上回答有关旅游资源（旅游地）的优劣顺序，或评价者统计其在常见报刊或旅游书籍上出现的频率，或邀请各方面专家讨论评议，结果表明的是旅游资源（旅游地）的整体质量和知名度。美感质量评价是基于对旅游者或专家体验的深入分析，建立规范化的评价模型，评价的结果多是具有可比性的定性尺度或数量值，其中对自然旅游资源的视觉美评价技术已较成熟，国外有四个公认的学派。第一个是专家学派。代表人物是

R. B. Jr. Litton，他们认为，对风景的分析应该基于其线条、形式、色彩、质地四个因素，强调多样性、奇特性、协调统一性等形式美原则在自然风景质量分级中的主要作用，凡是符合形式美原则的自然风景就具有较高的风景质量。中国的郑光磊、张亚林分别于1982年和1988年提出这种评价方式并分别在庐山和桂林进行过评价。第二个是心理物理学派。代表人物是 T. C. Danial 和 G. J. Buhyoff，他们认为，风景与风景审美是一种"刺激—反应"关系，因此，可通过测量公众对风景的审美态度，获得一个反映风景质量的量表，然后在该量表与风景的各组成成分之间建立起确定的数学关系。这种评价方式在森林风景评价方面应用比较成熟。第三个是认知学派。该学派可追溯至18世纪的英国经验学家 E. Buzke（1729～1787），但成为较成熟的学派则是在20世纪70年代英国地理学家 Appleton 提出"了解—庇护"（prospect - refuge）理论之后。该学派把自然风景作为人的生存空间和认识空间来评价，强调风景对人的认识作用及在情感上的影响，试图用人的进化过程及功能需要去解释人对风景的审美过程。第四个是经验学派。代表人物是 Lowenthal，他们认为，自然风景是作为独立于人的客体而存在的，人在风景欣赏中与自然风景的关系只是一种简单的单向作用关系，人只是风景的欣赏者。因此，他们只是考证文学艺术家们关于风景审美的文学、艺术作品，考察名人的日记等，来分析人与风景的相互作用以及某种审美评判所产生的背景，或者通过心理测量、调查、访问等形式，记叙现代人对具体风景的感受和评价。

在中国，卢云亭（1988）提出了"三三六"评价体系，即"三大价值、三大效益和六个条件"。三大价值指历史文化价值、艺术观赏价值、科学考察价值；三大效益指经济效益、社会效益和环境效益，经济效益是指旅游资源开发利用后可能带来的经济收入，社会效益指旅游资源与开发利用对人们智力开发、知识增长、眼界开阔、思想教育、科技文化交流、友好往来等方面的作用，环境效益是指旅游资源开发利用对环境的影响作用；六个条件指景区的地理位置和交通条件、景观的地域组合条件、景区旅游容量条件、施工难易条件、投资能力条件、旅游客源市场条件。

黄辉实（1990）提出了"六、七"评价体系，即旅游资源评价应从旅游资源本身和旅游资源所处环境来评价，从旅游资源本身来评价有六项标准——美、特、奇、名、古、用；从旅游资源所处环境来评价有七项标准——气候、土地、污染、资源联系、可进入性、基础设施、社会经济环境。

（二）旅游资源价值综合评价

综合评价是指运用一些数学方法，对多个不同因子进行分析，考虑它们的重要程度，然后进行综合得到评价结果的一种评价方法。其基本步骤如下。

1. 建立评价指标体系

根据问题的实际情况，提出若干变量，要求它们每一个的变化都会引起评价结果的变化，并且都可以用同一尺度来赋值，称这样的变量为评价指标。设它们共有 n 个，记作：

$$x_1, x_2, \cdots, x_n$$

称它们的全体为评价指标体系。

2. 确定权系数

权系数是指用来刻画评价指标重要程度的一列正数。我们通常把权系数设定为 n 个正数：

$$w_1, w_2, \cdots, w_n$$

它们满足

$$\begin{cases} w_i > 0, & i = 1, 2, \cdots, n \\ \sum_{i=1}^{n} w_i = 1 \end{cases}$$

其中，w_i 就表示评价指标 x_i 的重要程度。

3. 建立评价公式

评价公式为：

$$y = \sum_{i=1}^{n} w_i x_i$$

其中，y 是评价结果。

4. 运用评价公式得到评价结果

对于每个评价对象，求出 x_1，x_2，$\cdots$，x_n 的值，然后计算 y，即可得该对象的评价结果。

在以上过程中，同一场合不容许出现不同的评价指标采用不同的尺度赋值的情况，否则，不同评价对象的评价结果之间就不能比较大小了。

模糊综合评价是模糊集理论在评价领域中的又一种应用，它是一种非线性方法的应用。

我们称任何一个其分量取值都在区间 $[0，1]$ 上的向量为模糊向量。在模糊综合评价中，涉及的模糊向量有两类，一类是权向量，即满足

$$\begin{cases} w_i > 0，\\ \sum_{i=1}^{n} w_i = 1 \end{cases} \quad i = 1，2，\cdots，n$$

的 n 维向量 $(w_1，w_2，\cdots，w_n)$。另一类是评价对象对于确定的档次序列中每一档次的隶属程度所形成的向量，例如，通常采用档次序列 $\{$优，良，中，差，劣$\}$ 来表示评价对象被评为这一档次和被公众认可的程度。我们总可以用取值在区间 $[0，1]$ 上的数来刻画，例如，某旅游资源被 70% 同行评为"优"，10% 同行评为"良"，10% 同行评为"中"，7% 同行评为"差"，3% 同行评为"劣"，我们就可以用模糊向量 $(0.7，0.1，0.1，0.07，0.03)$ 来表示。此类向量被称为隶属向量，其分量称为隶属度，表示评价对象相应档次的合理程度。

对于两个同维的模糊向量：

$$(u_1，u_2，\cdots，u_n)$$

$$(v_1，v_2，\cdots，v_n)$$

我们记：

$$u_i \wedge v_i = \min(u_i，v_i)，u_i \vee v_i = \max(u_i，v_i)$$

$$\bigvee_{i=1}^{n} u_i = \max_{0 \leqslant i \leqslant 1} u_i，\bigwedge_{i=1}^{n} u_i = \min_{0 \leqslant i \leqslant 1} u_i$$

类似地，称每个元素取值都在区间 $[0，1]$ 上的矩阵为模糊矩阵。对于

模糊向量 $w = (w_1, w_2, \cdots, w_m)$ 与模糊矩阵 $R = \begin{bmatrix} r_{11} & r_{12} & \cdots & r_{1n} \\ r_{21} & r_{22} & \cdots & r_{2n} \\ \vdots & \vdots & \vdots & \vdots \\ r_{m1} & r_{m2} & \cdots & r_{mn} \end{bmatrix}$，我们可

定义某种"。"运算，比如：

$$w \circ R = \left[\bigvee_{i=1}^{m} (w_i \wedge r_{i1}), \bigvee_{i=1}^{m} (w_i \wedge r_{i2}), \cdots, \bigvee_{i=1}^{m} (w_i \wedge r_{in}) \right]$$

有了这些准备后，我们就可对 l 个不同的评价对象进行模糊综合评价了。其主要步骤如下。

（1）选定评价指标体系，设有 m 个指标，然后确定各指标权重向量 $w = (w_1, w_2, \cdots, w_m)$。

（2）选定评价档次序列，设共有 n 个档次，则每个评价对象的 m 个指标对于 n 个不同档次形成一个模糊矩阵，l 个评价对象共有 l 个模糊矩阵：R_1，R_2，$\cdots$，R_l。

（3）对每一个评估对象 k，$1 \leqslant k \leqslant l$，通过调查统计求出模糊矩阵 R_k：

$$R_k = \begin{bmatrix} r_{11}^k & r_{12}^k & \cdots & r_{1n}^k \\ r_{21}^k & r_{22}^k & \cdots & r_{2n}^k \\ \vdots & \vdots & \vdots & \vdots \\ r_{m1}^k & r_{m2}^k & \cdots & r_{mn}^k \end{bmatrix}$$

（4）选定"。"的定义，计算出 l 个 $w \circ R_k$，$k = 1, 2, \cdots, l$。

（5）计算每个 $w \circ R_k$ 的分量之和：

$$\sigma_k = \sum_{j=1}^{n} \bigvee_{i=1}^{m} (w_i \wedge r_{ij}^k)$$

记 $\alpha_k = (1/\sigma_k) w \circ R_k$，则 α_k 各分量大于 0，且 n 个分量和等于 1。

（6）对 α_1，α_2，$\cdots$，α_l 按分量从大到小进行词典式排序，做出评价结论：若 α_i 排在 α_j 之前，则认为评价对象 i 比 j "好"；若 α_i 与 α_j 分不出"好"或"差"时，则认为评价对象 i 与 j "无差别"。

二 价值评价方法

旅游资源价值评价涉及旅游资源与开发系统的各个方面,评价的方法也有许多种,我们在对某旅游资源价值进行评价时,必须做出许多艰难的选择,追求一些目标就必须牺牲另一些目标,目标之间的权衡取舍是十分困难的,这就需要我们认真地分析,选择一种合适的评价方法。

(一) 旅行费用法

旅行费用法(Travel Cost Method, TCM)最早是在美国被提出来的。1947年,美国联邦内务部国立公园局为了评价国立公园等环境物品的价值,邀请了10位经济学家对此进行研究。加利福尼亚大学教授 Hawaddo Erisu 主张把国立森林公园作为私营企业来对待,通过计算其门票收入来推算公园的价值;北卡罗来纳大学教授 Arorudo Hotering 主张将国立森林公园的保健休养设施画到地图上,以其为中心画同心圆,由于居住较远的人们要支付较高的旅行费,居住较近的人们的旅行费用则较低,所以根据居住地到公园的距离、公园利用人数,可以求出对森林公园的保健休养设施的需求曲线。这种思路,就是旅行费用法的基础(Brown 等,1984)。

为了确定消费者对这些环境物品或服务的价值认同,旅行费用法隐含的原则是,尽管这些自然景点可能并不需要旅游者支付门票费等,但是旅游者为了使用或消费这类环境物品或服务,需要承担交通成本,包括要花费时间,旅游者为此而付出的代价可以被看作对这些环境物品或服务的实际支付。我们知道,支付意愿等于消费者的实际支付与其消费某一商品或服务所获得的消费者剩余之和,那么,假设我们可以获得旅游者的实际花费数目,要确定旅游者的支付意愿大小的关键就在于要估算出旅游者的消费者剩余。

旅行费用法首先需要收集评价对象的使用者(消费者)的社会经济情报,如居住地、从居住地到森林公园的距离、往返时间、旅行费用等。然后利用这些情报资料,依据从居住地到公园的距离或到公园的旅行费用等数据，按照公园的利用者数量的多少，把评价场所四周地区分成若干个区域，并利用该调查结果求得反映人们对公园的利用率（各地区人口每千人的利用人数）与旅行费用之间关系的需求曲线。通过该需求曲线可以推导出公园接纳游客的数量与门票价格的关系以及对该森林公园的需求曲线，进而利用该需求曲线计算出消费者剩余以及公园的经济价值。

旅行费用法是替代市场法的一种，常常被用来评价那些没有市场价格的自然景点或者环境资源的价值。市场上存在着一些可以作为环境服务的替代品，如私人公园可以被看作自然保护区或国家公园的替代物，因此增加对环境物品或服务的供应所带来的效益，就可以通过替代它们的私人商品购买量的减少测算出来，反之亦然。但是，环境的服务功能有些是能够被私人物品完全替代的，有些是能被部分替代的，而有些则是无法被替代的。例如，原始森林作为木材的使用价值部分，可以被人工林所替代，但是原始森林本身所特有的生态功能（包括生物多样性等）则无法被人工生产出来的物品所替代，而原始森林的存在价值部分，则更是无法被替代的。

由于国家公园等环境物品的环境价值本身没有市场价格，所以旅行费用法用旅行费用替代人们对国家公园等环境物品价值的评价。旅行费用法要评价的是旅游者通过消费这些环境物品或服务所获得的效益，即对这些旅游场所的支付意愿（旅游者对这些环境物品或服务的价值认同）。旅行费用法针对的是具体场所的环境价值而不是娱乐本身的收益。

旅行费用法使用的基本步骤如下。

（1）定义和划分旅游者的出发地区。以评价场所为圆心，把场所四周的地区按距离远近分成若干个区域，距离的不断增大意味着旅行成本的不断增加。

（2）在评价地点对旅游者进行抽样调查。例如，站在评价地点的入口处，询问每个旅游者的出发地点，收集相关信息，以便确定旅游者的出发地区、旅游率、旅行成本和社会经济特征。

（3）计算每一区域内到此地点旅游的人次（旅游率）。

（4）根据对旅游者调查的样本资料，对不同区域的旅游率和旅行费用以及各种社会经济变量进行回归，求得第一阶段的需求曲线即旅行费用对

旅游率的影响,即:

$$Q = f(TC, X_1, X_2, \cdots, X_n)$$

或

$$Q = \alpha_0 + \beta TC + \alpha_1 X_1 + \alpha_2 X_2 + \cdots + \alpha_n X_n$$

式中 Q 为旅游率,若 V_i 为根据抽样调查的结果推算出的 i 区域中到评价地点的总旅游人数,P_i 为 i 区域的人口总数,则 i 区域的旅游率为 $Q_i = V_i/P_i$;TC 为旅行费用,TC_i 表示从 i 区域到评价地点的旅行费用;$X = (X_1, X_2, \cdots, X_n)$ 为 i 区域旅游者的收入、受教育水平和其他有关的一系列社会经济变量;$\alpha_j(j = 0, 1, 2, \cdots, n)$;$\beta$ 为参数。

根据各区域 Q,TC,X 的值,可以用回归方程确定的是一条"经验"需求曲线,它是基于旅游率而不是基于在该场所的实际旅游者数目,利用这条需求曲线来估计不同区域中的旅游者的实际数量,以及这个数量将如何随着门票费的增加而发生变化,从而获得一条实际的需求曲线。

(5)进入第二阶段,对第一阶段每一个出发地区的需求曲线进行校正,计算出每一区域的需求函数,计算每个区域旅游率与旅行费用的关系:

$$TC_i = \lambda_i + \mu_i Q_i, \quad i = 1, 2, \cdots, k$$

式中 $\lambda_i = -(\alpha_0 + \alpha_1 X_1^i + \alpha_2 X_2^i + \cdots + \alpha_n X_n^i)/\beta$,$\mu_i = 1/\beta$。

(6)计算每个区域的消费者剩余。我们假设评价景点的门票费为 0,则旅游者的实际支付就是他的旅行费用,进而通过门票费的不断增加(加到旅行费用中)来确定旅游人数的变化,就可以求得来自不同区域的旅游者的消费者剩余。

设 c 为增加的门票费(门票费的增加相当于边际旅行费用的变化),那么根据步骤(5)中的式子,可得从 i 区域来旅游的人数与增加的门票费之间的关系:

$$v_i = (c + TC_i - \lambda_i)P_i/\mu_i$$

式中 TC_i 表示从 i 区域到评价地点的旅行费用,λ_i,μ_i 根据步骤(5)已算得,P_i 为 i 区域的人口总数,v_i 和 c 是变量。这样,根据这条需求曲线可计算i区域的消费者剩余。

（7）将每个区域的旅行费用与消费者剩余加总，得出总的支付愿望，即评价景点的价值。

旅行费用法适合对客源市场较广、游客旅行费用差别较大、开发成熟的旅游资源的经济价值进行评价。此法优点是在评价时考虑了消费者剩余，但它无法对未开发的旅游资源的经济价值进行测算。

（二）或然估计法

或然估计法（Contingent Valuation Method，CVM），也称随机评估法、条件评价法、支付意愿法、模拟市场法、假想评价法等。或然估计法通过调查，推导出人们对环境资源的假想变化的评价，调查一般通过问卷或面对面询问的方式进行，它被看作非市场物品经济价值度量的一种标准方法。20世纪60年代，David首次设计和应用问卷来直接估计休闲地价值，从那以后，或然估计法被应用于世界上很多领域。

为了得到准确的答案，意愿调查应建立在两个条件之上，即环境收益具有"可支付性"的特征和"投标竞争"的特征。当该方法被用于评价环境资源的选择价值和存在价值时，它是唯一可用的方法。

或然估计法使用步骤如下。

1. 确定支付意愿的内容

支付意愿（Willingness To Pay，WTP）的内容包括门票、旅行费、住宿费等，它的选择在或然估计法中是很重要的，因为它关系到回答者怎样出价，从而影响到结果的准确程度。Forster（1989）认为门票对于许多休闲地点的使用者来说，是比较合理的选择。

2. 设计支付意愿的问卷

在或然估计法问卷调查中，有3种得出支付意愿的方法。①单次投票博弈法，即要求回答者回答指定假设市场下他们愿意支付多少。②收敛投票博弈法，即先询问回答者对某一假设市场是否愿意支付指定数目的价格，然后按一定比例反复增加出价，直到得到否定回答为止。通过上述投票博弈法调查得来的信息被用于建立总的支付意愿函数或接受赔偿意愿函数。

③比较博弈法（权衡博弈法），它要求回答者在不同的物品与相应数量的货币之间进行选择。给定回答者一组环境物品或服务以及相应价格的初始值，然后询问回答者愿意选择哪一项，根据回答者的取舍，不断提高（或降低）价格水平，直至回答者认为选择二者中的任意一个都可以为止，回答者这时候所选择的价格就表示他们对给定量的环境物品或服务的支付意愿。此后，再给出另一组合，比如质量提高了，价格也提高了，然后重复上述的步骤，经过几轮询问，根据回答者对不同质量水平的选择情况进行分析，就可以估算出他们对边际质量变化的支付意愿。

3. 假设市场环境描述

对于旅游资源来说，其缺乏市场价格，因此在问卷中必须建立假设市场，为旅游资源估价提供合理的基础，应该仔细设计问卷，以便为回答者提供充分和准确的信息，使他们能够充分明白假设市场环境。还必须让回答者不要将任何涉及个人利益的信息包含在问卷回答中，以便让他们回答出来的支付意愿反映真实的情况。

4. 计算支付意愿模型

由于 $v(1,Y-A,s)+\varepsilon_1 \geq v(0,A,s)+\varepsilon_0$ 中 v 为间接效用函数（假设等于效用），Y 为收入，A 为门票价格，s 为影响个人偏好的其他社会经济特征，ε_1，ε_0 为均值为 0 的独立同分布的随机变量，所以应用等效变差 $\Delta v = v(1,Y-A,s)-v(0,A,s)+(\varepsilon_1-\varepsilon_0)$ 可以对旅游资源价值进行评价。

回答者或者接受门票价格而进入景区，或者反对该价格而放弃进入，但是回答者知道哪种选择可以使他们的效用最大化。他们将接受指定的门票价格的概率可用 Δv 求得，设 Δv 的分布函数为 $F_\eta(\cdot)$，对于旅游资源价值的评价，一般采用指数分布型，则个体接受门票报价 A 的概率 P 为：

$$P = F_\eta(\Delta v) = \frac{1}{1+e^{-\Delta v}} = \frac{1}{1+e^{-(\alpha+\beta A+\gamma Y)}}$$

式中 α，β，γ 为参数。

利用极大似然估计，可求出参数 α，β，γ。一旦求出参数，就可以求出支付意愿（WTP）的数学期望：

$$E(WTP) = \int_0^\infty F_\eta(\Delta v)\,dA$$

$$= \int_0^\infty F_\eta(\alpha^* + \beta A)\,dA$$

$$= \frac{\ln(1 + e^{\alpha^*})}{\beta}$$

其中 $\alpha^* = \alpha + \gamma Y$。

5. 计算结果

首先，根据问卷调查结果，可以计算出不同门票报价 A 的概率 P；其次，根据步骤（4）中的公式，利用极大似然估计方法，可以得到 α，β，γ 的值；再次，将各系数值代入数学期望公式，即可得到支付意愿的数学期望；最后，用支付意愿数学期望乘以景区年游客量，即可得到该景区的经济价值。

或然估计法也是替代市场法的一种，可被运用于未开发和已开发旅游资源经济价值的评估。但如果客源市场定位不准、调查样本选取不当、样本数量不够、调查问题设计不合理等，很难精确地确定旅游者人数、最大支付意愿量，容易导致评价结果偏差较大。所以，运用这种方法评估时，旅游客源市场范围越小，评价效果越好。另外，采用这种方法还要考虑实际旅游承载力问题，如果调查得出的客源市场规模大于同期该旅游地的旅游承载力，则在评价时应采用旅游地的旅游承载力进行计算，否则会夸大旅游资源的经济价值。

（三）市场评价法

市场评价法通过测算旅游产品和服务以及它们的市场价值的变化，以得出旅游资源开发与管理的成本和效益。市场评价法需要利用市场价格（如果市场价格不能准确反映产品或服务的稀缺特征，则要通过影子价格进行调整）来对旅游资源价值进行评价。

市场评价法具有比较直观、易于计算、易于调整等优点，由于该方法建立在能够观察到的市场行为的基础上，因而比较容易被决策者和公众所理解。市场评价法主要包括费用支出法和机会成本法。

费用支出法形成于 20 世纪初，它从消费者角度出发，主要以游客因旅游而实际支出的有关费用总和作为旅游资源的经济价值。旅游有关费用包括交通费、食宿费、门票费、摄影费、购物（如纪念品、当地土特产等）费、时间成本等。该方法根据不同的计算方式又可分为三种形式，即毛费用法、区内费用法和游憩费用法。毛费用法以旅游过程的全部费用与时间成本费用的总和作为旅游资源的经济价值；区内费用法是以游客在旅游区内游览、食宿、摄影、购物（主要是纪念品和土特产）等方面支出的费用作为旅游资源的经济价值；游憩费用法仅以游客因游憩而支出的费用如交通费、住宿费、门票费等作为旅游资源的经济价值。费用支出法适用于开发较成熟的旅游资源经济价值的评估，其缺陷是计算的结果仅仅是旅游资源的现实经济价值，而消费者剩余未能体现出来，而且对未开发的旅游资源的经济价值无法测定。

机会成本法特别适用于对自然保护区或具有唯一性特征的自然资源的开发项目的评价。使用一种资源的机会成本是指把该资源投入某一特定用途后所放弃的在其他用途中所能够获得的最大利益。对于某些具有唯一性特征或不可逆特征的自然资源而言，某些开发方案与自然系统的延续性是有矛盾的，其后果是不可逆的。开发工程可能使一个地区发生巨大变化，以至于破坏了它原有的自然系统，并且使这个自然系统不能重新建立和恢复。在这种情况下，开发工程的机会成本是在未来一段时期内保护自然系统得到的净效益的现值。由于自然资源的无市场价格特征，这些效益比较难以计量。但反过来，保护自然系统的机会成本可以被看作失去的开发效益的现值。一般情况下，人们都是估算资源保护的机会成本，然后让决策者或公众来决定自然资源是否具有这样的价值或是否值得为保护该资源而放弃这些收益。机会成本法被用来计算由环境污染引起的经济损失，也是一种简便可行的方法，当某旅游项目的开发或建设导致严重的环境污染时，人们可以同时设计另一个作为原有旅游项目替代品的补充项目，以便使环境质量对经济发展和人民生活水平的影响保持不变。同一个项目（包括补充项目）如果有若干个方案，这些可供选择但不可能同时都实施的项目方案都可以被看作其他项目方案的机会成本。

三　构序价值评价

旅游资源价值评价是旅游资源开发利用的一个重要环节，按照中国国家标准《旅游资源分类、调查与评价》（GB/T 18972—2003），旅游资源可分为地文景观、水域风光、生物景观、天象与气候景观、遗址遗迹、建筑与设施、旅游商品、人文活动 8 个主类，然后又分为 31 个亚类和 155 个基本类型（见表 8 – 1）。

表 8 – 1　旅游资源分类（中国国家标准）

主　类	亚　类	基　本　类　型
地文景观	综合自然旅游地	山丘型旅游地、谷地型旅游地、沙砾石地型旅游地、滩地型旅游地、奇异自然现象、自然标志地、垂直自然地带
	沉积与构造	断层景观、褶曲景观、节理景观、地层剖面、钙华与泉华、矿点矿脉与矿石积聚地、生物化石点
	地质地貌过程形迹	凸峰、独峰、峰丛、石（土）林、奇特与象形山石、岩壁与岩缝、峡谷段落、沟壑地、丹霞、雅丹、堆石洞、岩石洞与岩穴、沙丘地、岸滩
	自然变动遗迹	重力堆积体、泥石流堆积、地震遗迹、陷落地、火山与熔岩、冰川堆积体、冰川侵蚀遗迹
	岛礁	岛区、岩礁
水域风光	河段	观光游憩河段、暗河河段、古河道段落
	天然湖泊与池沼	观光游憩湖区、沼泽与湿地、潭池
	瀑布	悬瀑、跌水
	泉	冷泉、地热与温泉
	河口与海面	观光游憩海域、涌潮现象、击浪现象
	冰雪地	冰川观光地、常年积雪地
生物景观	树木	林地、丛树、独树
	草原与草地	草地、疏林草地
	花卉地	草场花卉地、林间花卉地
	野生动物栖息地	水生动物栖息地、陆地动物栖息地、鸟类栖息地、蝶类栖息地
天象与气候景观	光现象	日月星辰观察地、光环现象观察地、海市蜃楼现象多发地
	天气与气候现象	云雾多发区、避暑气候地、避寒气候地、极端与特殊气候显示地、物候景观

续表

主　类	亚　类	基本类型
遗址遗迹	史前人类活动场所	人类活动遗址、文化层、文物散落地、原始聚落
	社会经济文化活动遗址遗迹	历史事件发生地、军事遗址与古战场、废弃寺庙、废弃生产、交通遗迹、废城与聚落遗迹、长城遗迹、烽燧
建筑与设施	综合人文旅游地	教学科研实验场所、康体乐休闲度假地、宗教与祭祀活动场所、园林游憩区域、文化活动场所、建设工程与生产地、社会与商贸活动场所、动物与植物展示地、军事观光地、边境口岸、景物观赏点
	单体活动场馆	聚会接待厅堂（室）、祭拜场馆、展示演示场馆、体育健身场馆、歌舞游乐场馆
	景观建筑与附属型建筑	佛塔、塔形建筑物、楼阁、石窟、长城段落、城（堡）、摩崖字画、碑碣（林）、广场、人工洞穴、建筑小品
	居住地与社区	传统与乡土建筑、特色街巷、特色社区、名人故居与历史纪念建筑、书院、会馆、特色店铺、特色市场
	归葬地	陵区陵园、墓（群）、悬棺
	交通建筑	桥、车站、港口渡口与码头、航空港、栈道
	水工建筑	水库观光游憩区段、水井、运河与渠道段落、堤坝段落、灌区、提水设施
旅游商品	地方旅游商品	菜品饮食、农林畜产品与制品、水产品与制品、中草药材及制品、传统手工产品与工艺品、日用工业品、其他物品
人文活动	人事记录	人物、事件
	艺术	文艺团体、文学艺术作品
	民间习俗	地方风俗与民间礼仪、民间节庆、民间演艺、民间健身活动与赛事、宗教活动、庙会与民间集会、饮食习俗、特色服饰
	现代节庆	旅游节、文化节、商贸农事节、体育节

李经龙、郑淑婧（2006）在《中国品牌旅游资源空间布局研究》中用德尔菲法对中国19类品牌旅游资源的价值进行了评价。他们对45位旅游学、地理学、水文学、地质学、考古学、生物学、历史学、社会学、管理学、经济学等方面的专家学者进行问卷咨询。根据专家组反馈的信息，在对品牌旅游资源进行具体评价时，主要围绕现实旅游吸引力的大小，考虑旅游资源的级别、旅游资源的类型以及旅游者的主要旅游偏好，对不同级别、不同类型的旅游资源赋予不同的分值。

德尔菲法（Delphi Method），也称专家调查法或专家意见法，是由美国兰德公司（Rand Corporation）于 20 世纪 40 年代末首创的，是以匿名方式轮番征询专家意见，最终得出结果的一种集体经验判断法。古希腊有一位预言之神阿波罗，相传阿波罗的神殿所在地是古希腊德尔菲城市，由于有多个预言家到此发布预言演说，因此以此地名作为这种专家法的名称。这种方法是市场定性方法中最重要、最有效的一种方法，应用十分广泛。德尔菲法是借用社会各方面专家的头脑，采用匿名反馈的形式，综合专家的经验进行判断，因此其准确度要比其他经验判断法高。

德尔菲法有一套独特的程序步骤。首先做好准备工作，包括四个方面：明确评价主题和目的、选择专家、准备背景资料和设计调查问询表。

组织者要明确所要达到的目的，据此来确定主题，同时应把目的和主题在寄给专家的调查问询表中简单地加以说明。

专家的选择是运用德尔菲法的关键，准确性很大程度上取决于参评专家的水平，德尔菲法所要求的专家应当是对主题和问题有比较深入的研究的、富于创造性和判断力的人。一般有研究、了解市场的专家人数占总人数的三分之一左右，与本行业有业务联系、关系密切的行业专家占三分之一左右，对市场行业有研究的社会上有影响力的知名人士占三分之一左右。专家总人数一般以 20 ~ 50 人为宜，不能太少，也不宜过多。另外，还应考虑专家的自愿性，只有充分考虑专家的自愿性，才能避免专家意见回收率低的问题。

背景资料是指有主题的以便专家们能更全面、系统地考虑问题的各种资料，对这些背景资料进行整理、加工后，与调查问询表一同寄给专家们。背景资料的准备非常重要，这是因为每个专家虽然都是某一主题的行家，但由于掌握的资料不一定齐备，看问题的角度也不尽相同，完整的背景资料可以使专家获得的信息更系统化，节省专家们的时间和精力，以提高准确性。

首先，调查问询表中的问题要主题明确、中心突出、语言准确，既要有封闭性问题，又要有开放性问题，所提问题不宜过多，以 20 个左右为宜。

其次，进行轮番征询工作。准备工作做好以后，就要向专家们进行正式征询，一般要进行到四轮以上，结果才可能会趋于基本一致。第一轮，先向专家们寄发调查表和背景材料，请专家独立填写，并请专家在规定时间内寄回。组织者在专家寄回调查意见后，做出定性的综合分析和定量的统计归纳，并提出下一轮的评估要求。第二轮，将经过统计汇总的专家意见以及要求再寄给专家们，请专家接到汇总意见和有关资料后，再提出自己的意见寄回，组织者经整理汇总做出归纳，提出下一轮评估要求，然后参照第二轮的做法，进行第三轮，第四轮，……多次轮番征询专家意见，直至结果基本趋于一致。

最后，得出专家意见的评价值和离散程度。评价值和离散程度一般是通过一定的统计方法对专家最后一轮的意见做出统计归纳处理得出的。这些方法同样适用于轮番征询过程中的每一轮专家意见处理。比较常用的是中位数法、上下四分位数法和算术平均法。

汪清蓉、李凡（2006）在《古村落综合价值的定量评价方法及实证研究》中，采用模糊综合评价法，考虑资源价值要素、现状条件和旅游开发条件三部分内容，建立了模糊综合评价指标体系，对古村落单体建筑与建筑组群、古村落与环境、古村落与社会、古村落与历史的关系进行了梳理和论证，并经 DPS（Data Processing System）数据处理系统处理，对大旗头古村落进行评价。通过对古村落综合价值多层次、多目标的模糊综合评价，从总体上把握古村落价值的高低，对其资源价值要素、现状条件与旅游开发条件做出科学合理的评定。这既能全面深入地挖掘古村落蕴含的特色、价值与意义，又能诊断出其存在的问题与不足，从而为古村落的开发保护提供决策依据。

四　旅游人数预测

旅游吸引力的大小，最终体现在进入旅游目的地的旅游人数上。旅游人数的预测方法大致可分为三种：判断预测、外推预测和理论模型预测。判断预测主要有德尔菲法，它依据有见地的判断；外推预测建立在过去的趋势会延续的假设之上，主要有时间序列分析、数据变换等；理论模型预测需要建立数学模型，主要有回归模型、因果模型、系统动力学模型等。

（一）主观概率预测

主观概率预测是对市场趋势分析事件发生的概率做出主观估计，或者说是对事件变化动态的一种心理评价，然后计算它的平均值，以此作为市场趋势分析事件的结论的一种定性市场趋势分析方法。主观概率预测法一般和其他经验判断法结合运用。

主观概率是指在一定条件下，个人对某一事件在未来发生或不发生的可能性的估计，反映个人对未来事件的主观判断和信任程度。客观概率是指某一随机事件经过反复试验后出现的相对次数，也就是对某一随机事件发生的可能性大小的客观度量，如掷一枚硬币，出现正面和出现反面的客观概率都为0.5。

主观概率必须符合概率论的基本公理，即每一事件发生的概率大于等于0小于等于1，必然发生的事件概率等于1，必然不发生的事件概率等于0，两个互斥事件之和的概率等于它们的概率之和，等等。无法通过试验确定其客观概率，或者由于资料不完整，无法计算客观概率，常常采用主观概率预测法。长期从事市场营销活动的人和有关专家的经验和直觉往往还是比较可靠的。这种趋势分析方法简便易行，但必须防止任意、轻率地由一两个人拍脑袋估测，提倡集体的思维判断，要加强预测的严肃性、科学性。

常用的主观概率预测法有主观概率加权平均法和累计概率中位数法。主观概率加权平均法是指首先估计每位预测者在各种情况下（如最好情况、最坏情况、最有可能情况）的主观概率 p_i 和预测值 x_i，再以主观概率 p_i 为权数，对各个预测值 x_i 进行加权平均得到每位预测者的预测值：

$$y_j = \sum_{i=1}^{n} p_i x_i$$

然后对每位预测者的预测值 y_j 计算平均值，最后计算平均偏差程度，校正预测结果，把校正后的结果作为最终的预测结果。

累计概率中位数法是根据累计概率，确定不同预测意见的中位数，对预测值进行点估计和区间估计的预测方法。首先确定累计概率（在0与1之间找中位点 0.5，在 0 与 0.5 之间和 0.5 与 1 之间分别找中位点 0.25 和 0.75，在 0 与 0.25 之间、0.25 与 0.5 之间、0.5 与 0.75 之间和 0.75 与 1 之间分别找中位点，……）及每个预测者在这些中位点概率情况下的预测值，其次计算每个中位点上所有预测者的平均值，以 0.5 分位的平均值作为实际值的预测值，以 0.5 左、右两个分位点的值作为实际值的区间估计值，最后分出多个层次，如 0.010，0.125，0.250，…，0.990 等。每位预测者确定主观概率及其累计概率，计算平均偏差程度，校正预测结果，把校正后的结果作为最终的预测结果。

（二）时间序列预测

时间序列预测是通过建立数学模型进行外推的定量预测方法，它以连续性原理为依据，以假设事物过去和现在的发展变化趋向会延续到未来为前提条件，撇开对事物发展变化的因果关系的分析，直接从时间序列统计数据中找出反映事物发展的演变规律，并据此外推出预测值。

时间序列预测可分为确定性时序评估预测和随机时序评估预测两大类。确定性时序评估预测是指利用反映事物具有确定性的时间数列进行的预测，包括平均数法、移动平均预测法、指数平滑预测法、趋势外推法、季节指数预测法等。随机时序评估预测是指利用反映事物具有随机性的时间数列进行的预测，包括马尔柯夫预测法、灰色系统预测法等。

下文对部分时间序列预测法进行阐述。

平均数法是一种简便的时间序列分析方法。它以一定观察期内预测目标的时间数列的平均值为某个未来时期的预测值。平均数法有算术平均法、加权平均法、几何平均法。

设时间序列为 x_1，x_2，…，x_n，则算术平均数公式为：

$$\bar{y} = \frac{1}{n} \sum_{i=1}^{n} x_i$$

式中 $\bar{y}$ 为下期的预测值。

可用 $\bar{y} \pm 2\sigma$ 作为 95% 可靠程度下的区间预测值，其中：

$$\sigma = \sqrt{\frac{\sum_{i=1}^{n}(x_i - \bar{y})^2}{n-1}}$$

加权平均法是对一定观察期内预测目标的时间序列，分别给予不同的权数计算出加权算术平均数。设 w_1，w_2，$\cdots$，w_n 表示观察期各期数据的权数，则时间序列的加权算术平均数为：

$$\bar{y} = \frac{\sum_{i=1}^{n} w_i x_i}{\sum_{i=1}^{n} w_i}$$

当求出加权算术平均数 $\bar{y}$ 后，以此作为下期的预测值。运用加权平均法的关键是权数的确定，一般来说，对于离预测期越近的数据可给予较大的权数，对于离预测期越远的数据给予较小的权数。

移动平均预测法是将观察期的数据，由远及近按一定跨越期进行平均，取其平均值，随着观察期的推移，按一定跨越期的观察值也相应向前移动，逐一求得移动平均值，并将接近评估预测期的最后一个移动平均值作为确定预测值的依据。移动平均预测法有一次移动平均法、二次移动平均法和加权移动平均法等。

一次移动平均法是一种简单的时间序列分析，它是在算术平均数的基础上，通过逐步分段移动来求得下一期的预测值。设时间序列为 x_1，x_2，$\cdots$，x_n，以 N 为移动时期数（$N \leqslant n$），则第 t 期一次移动平均值为：

$$M_t = \frac{x_t + x_{t-1} + \cdots + x_{t-N+1}}{N}$$

我们将第 t 期移动平均值 M_t 作为 $t-1$ 期的预测值。移动平均值公式可改写为：

$$M_t = M_{t-1} + \frac{x_t - x_{t-N}}{N}$$

在计算移动平均数时，每向前移动一个时期就增加一期观察值，去掉一个远期的观察值，得到一个新的平均数。由于它不断地移动，所以得到

的是一系列平均值 M_N，M_{N+1}，$\cdots$，M_n。

二次移动平均法是在一次移动平均值的基础上再做一次移动平均的方法。设一次移动平均值为 $M_N^{(1)}$，$M_{N+1}^{(1)}$，$\cdots$，$M_n^{(1)}$，则第 t 期二次移动平均值为：

$$M_t^{(2)} = \frac{M_t^{(1)} + M_{t-1}^{(1)} + \cdots + M_{t-N+1}^{(1)}}{N}$$

我们不把二次移动平均值直接用来作预测值，而是用趋势方程 $Y_{t+T} = a_t + b_t T$ 中的 Y_{t+T} 作为第 $t+T$ 期的预测值，其中：

$$a_t = 2M_t^{(1)} - M_t^{(2)}$$

$$b_t = \frac{2}{N-1}(M_t^{(1)} - M_t^{(2)})$$

加权移动平均法是采用加权来计算移动平均法的一种预测方法。设 w_1，w_2，$\cdots$，w_N 表示观察期各期数据的权数，则加权移动平均数为：

$$M_t = \frac{\sum_{i=1}^{N} w_i x_{t-i+1}}{\sum_{i=1}^{N} w_i}$$

用第 t 期的加权移动平均数 M_t 作为第 $t+T$ 期的预测值。

美国经济学家布朗（Robert G. Brown）于 1959 年在《库存管理的统计预测》一书中提出了指数平滑预测法，它不必逐期对每项资料加权运算，弥补了加权移动平均法的不足。

指数平滑公式是一个递推公式：

$$S_t = \alpha x_t + (1-\alpha) S_{t-1}, \quad t = 1, 2, \cdots, n$$

其中 $0 < \alpha < 1$ 是权数，当时间序列呈较稳定的水平趋势时，应取值小一些，如取 $0.1 \sim 0.3$，以减小修正幅度，同时各期观察值的权数差别不大，预测模型能包含更长时间序列的信息；当时间序列波动较大时，宜选择居中的值，如取 $0.3 \sim 0.5$；当时间序列波动很大，呈现明显且迅速的上升或下降趋势时，应取值大些，如取 $0.6 \sim 0.8$，以使预测模型灵敏度高些，能迅速跟上数据的变化。在实际评估预测中，可取几个 α 值进行试算，比较

预测误差，选择误差小的那个 α 值。

我们用第 t 期的指数平滑平均数作为第 $t+1$ 时期的预测值。从上述公式可以看出，采用指数平滑预测法进行预测，只需要一个 t 时期的实际值 x_t，一个前一时期的指数平滑平均数 S_{t-1} 和一个权数 α，这是移动平均预测法所不能及的。对于初始平滑值 S_0，当原序列的项数大于 50 项时，可以选用第 1 期的观察值作为初始值 $S_0 = x_1$；当原序列的项数较少时，选用前三项的平均值作为初始值 $S_0 = (x_1 + x_2 + x_3)/3$；当原序列的项数很少时，初始值对最终的指数平滑值影响较大，导致预测误差的扩大，所以常采用统计方法估算初始值。

指数平滑预测法可以进行一次指数平滑，也可以进行多次指数平滑。

（三）多元线性回归预测

如果考虑某个因变量 y，受到 k 个自变量 x_1，x_2，$\cdots$，x_k 的影响，最简单的关系就是线性关系：

$$y = \alpha_1 x_1 + \alpha_2 x_2 + \cdots + \alpha_k x_k + \varepsilon$$

其中 α_i 为待定系数，ε 是随机误差项。如果我们想通过因变量的自变量的观察值来估计 α_i，这种方法就被称为多元线性回归。

万建香（2003）在其硕士论文《以开发为导向的旅游业的可持续发展》中采用多元线性回归方法，对旅游地江西龙虎山风景名胜区旅游人数 Q 做了一种预测。她在论文中收集了当时龙虎山的相关数据资料，论述如下：

假设：

$$Q = \beta_0 + \beta_1 X_1 + \beta_2 X_2 + \beta_3 X_3 + \beta_4 X_4 + \beta_5 X_5$$

其中 X_1 为质量规模，X_2 为经济环境，X_3 为政策环境，X_4 为可进入性，X_5 为客源地收入水平。

龙虎山风景名胜区隶属于江西省鹰潭市，位于鹰潭市南十八公里处。龙虎山风景名胜区是中国历史上的道教圣地，1988 年被列入第二批国家级风景名胜区，2000 年又被列入第一批国家地质公园与国家森林公园。整个风景名胜区的面积有 200 平方公里，由仙水岩、龙虎山、应天山、马祖岩、洪五湖和上清宫六个景区构成，加上外围保护地带，总面积有 320 平方公里。龙虎山风景名胜区不仅地域辽阔，而且旅游资源十分丰富，尤其是源远流长的道教文化，还有秀美多姿的碧水丹山和千古未解的崖墓之谜，蕴藏着旅游业发展的巨大潜力。

龙虎山风景名胜区旅游资源有三大特色。

一是道教朝圣。龙虎山是中国道教文化的发源地。东汉中叶第一代天师张道陵，在这里肇基炼九天神丹，并创立道教，道教由此登上中国历史舞台。在宋元明时期，张天师被敕封一品，龙虎山统领江南道教，总领三山符箓，成为中国道教文化传播发展的中心。天师世家世代相袭，显赫一方，与山东曲阜孔子世家一并受朝廷重视，故有"南张北孔"之说。上清宫被誉为"神仙所都"和"百神受职之所"，宫内的镇妖井即《水浒传》梁山 108 位好汉的出处。至今保留完好的嗣汉天师府气势恢宏，一派仙气，1987 年被国务院确定为全国 21 座重点道观之一并对外开放。天师府总占地面积 5 万平方米，尚存明清古建筑 3 万平方米和一千多年的古树木 20 多株。龙虎山风景名胜区的文化遗存具有垄断性，而且集中国传统文化之大成。

二是芦溪览胜。龙虎山风光秀丽，山水奇绝，其风景区有 99 峰、24 岩、108 处自然和人文景观、20 多处神井丹池和流泉飞瀑。逶迤曲折的芦溪河，从东至西贯穿整个景区，似一条玉带将两岸串起，顾况、曾巩、王安石、文天祥、徐霞客等历代文人墨客都曾游览于此，并留下"千尺云崖上，仙城白莲开，徘徊凌绝顶，好景胜蓬莱"等誉美诗句。

三是崖墓探奇。龙虎山是中国崖墓文化的发源地。在仙水岩的悬崖绝壁上有距今二千六百多年的春秋战国时期的崖墓群。据专家考证，龙虎山崖墓时间之久远，分布之广泛，数量之众多，位置之险要，造型之奇特，文物之丰富堪称世界之最，是天然的考古博物馆，被国务院确定为全国重点文物保护单位之一。古越族人仙逝以后，为何被葬于悬崖绝壁之洞穴，硕大的棺木又是怎样被安放于崖洞之内的，目前仍是令考古学家争议的，更是引起众多游客猎奇的内容。

除此之外，龙虎山还不断挖掘出新的旅游资源，它们包括：难以忘怀的人间仙境——仙水岩，绿色醉人的生态王国——天门山，纵观龙虎山的绝顶仙境——仙人城，色彩斑斓的丹霞胜地——象鼻山，举世无双的天下绝景——仙女岩，引人入胜的江南小村——无蚊村，古风古貌的千年老镇——上清古镇，五斗米道的发祥地——正一观，中华唯一的仙家府地——天师府，中国道教的神仙都会——上清宫，等等。

龙虎山风景名胜区 1988 年被列入第二批国家级风景名胜区，2000 年获国家级森林公园称号，2001 年获全国重点文物保护单位称号。

对当时那些数据进行标准化处理后，得到 X_1 的时间序列数据（见表 8-2），表中之所有负值，是标准化后的结果。

表 8-2　质量规模（X_1）

年份	1993	1994	1995	1996	1997	1998	1999	2000	2001	2002
X_1	-0.56	-0.56	-0.56	-0.25	-0.05	-0.05	-0.20	0.44	0.77	0.67

龙虎山风景名胜区吸引着越来越多的国内外游客前去旅游观光、科考、研修和休闲度假。为了得出其他变量的数据，对龙虎山来自各客源地的游客资料进行衰减模式的相关分析，1996~2000 年各旅游客源地来龙虎山人数见表 8-3。

表 8-3　1996~2000 年各旅游客源地来龙虎山人数

单位：万人

年份	接待人数	旅游客源地									
		本省	上海	江苏	浙江	福建	湖北	广东	安徽	其他	境外
1996	23.2	17.4	2.2	0.5	0.6	0.5	0.5	0.4	0.2	0.2	0.7
1997	30.0	19.5	4.3	0.8	1.0	1.0	1.2	0.5	0.3	0.4	1.0
1998	34.0	20.8	5.0	1.2	1.0	1.4	1.8	0.7	0.3	0.7	1.1
1999	40.0	23.6	5.1	1.5	1.1	1.9	2.8	1.0	0.4	1.3	1.3
2000	51.6	30.5	5.7	1.9	1.4	2.5	3.7	1.8	0.6	2.0	1.5

根据表 8-3，可计算出游客百分比。再以各省会到龙虎山的距离作为客源地到龙虎山的距离，则得到表 8-4。

表 8－4　客源地到龙虎山的距离和游客百分比

单位：千米，%

客源地	本省	湖北	安徽	福建	浙江	江苏	上海	广东
与龙虎山的距离	146	440	573	613	713	823	864	992
游客百分比	66.3	5.9	1.1	4.3	3.1	3.5	13.3	2.7

游客百分比的折线图见图 8－1。

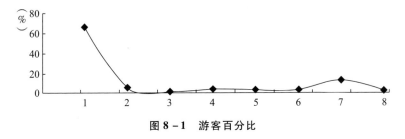

图 8－1　游客百分比

在图 8－1 中，1～8 分别代表以上 8 个省份。上海距离龙虎山远，而游客人数却在图形上突然增加，是由于上海抵达龙虎山的交通方便，旅途时间短，而且上海经济也比较发达，游客的消费意识强等。同样，安徽到龙虎山虽然比较近，但当时抵达龙虎山的交通不方便，乘火车旅途时间比上海到龙虎山要长，所以到龙虎山旅游人数最少。

以上我们用的是地理上的距离，是客观距离。人们去旅游目的地，还有主观距离，即人们感觉的旅游地与客源地的距离，它取决于交通的便利性，所前往地区的繁华程度或吸引力大小。除此之外，还存在着经济时间距离，即为旅游而付出的时间与闲暇价格。考虑这些因素，图 8－1 基本上是一条指数曲线。通过对龙虎山的吸引力模型进行分析，得出各客源地人口数量、各地生产总值（2001 年）以及与龙虎山的主观距离（见表 8－5）。

表 8－5　客源地人口数量、GDP 及到龙虎山的主观距离

项　目 \ 省　份	上海	江苏	浙江	福建	湖北	广东	安徽
人口（万人）	1674	7438	4677	3471	6028	8642	5986
GDP（亿元）	4551	8583	6036	3920	4276	9662	3038
与龙虎山的主观距离（千米）	864	4115	3565	3065	2640	4960	3438

可计算出吸引力（见表 8 - 6）。

表 8 - 6 龙虎山对客源地旅游者的吸引力

客源地	上海	江苏	浙江	福建	湖北	广东	安徽
吸引力	10.2c	3.7c	2.22c	1.45c	3.7c	3.39c	1.53c

注：c 为《以开发为导向的旅游业的可持续发展》（万建香，2003）一文中所建立的吸引力单位。

其直方图见图 8 - 2。

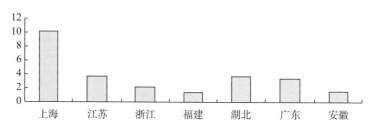

图 8 - 2 龙虎山对客源地旅游者的吸引力

从图中可以看出，龙虎山对上海的吸引力最大，其次是湖北、江苏，说明这三地应为首选旅游促销地。

对于龙虎山的经济环境，所收集的数据见表 8 - 7。

表 8 - 7 龙虎山所在地 GDP 和景区基础设施投资

单位：万元

年 份	1993	1994	1995	1996	1997	1998	1999	2000	2001	2002
鹰潭市 GDP	3290	4270	5720	6583	7570	8327	9100	9700	10500	13150
景区基础设施投资	138	138	117	174	142	773	284.3	8698.2	11292.4	10910

资料来源：龙虎山景区调研数据。

对数据进行标准化处理后，可得 X_2 的时间序列数据（见表 8 - 8）。

表 8 - 8 经济环境（X_2）

年份	1993	1994	1995	1996	1997	1998	1999	2000	2001	2002
X_2	- 1.08	- 0.91	- 0.63	- 0.53	- 0.36	- 0.17	- 0.09	0.86	1.27	1.67

龙虎山历年招商引资额数据见表 8 - 9。

表 8 − 9　1993 ~ 2002 年龙虎山招商引资额

单位：万元

年份	1993	1994	1995	1996	1997	1998	1999	2000	2001	2002
招商引资额	114	148	192	250	550	800	1200	2000	6000	10780

资料来源：龙虎山景区调研数据。

根据前面的方法，可得 X_3 的时间序列数据（见表 8 − 10）。

表 8 − 10　政策环境（X_3）

年份	1993	1994	1995	1996	1997	1998	1999	2000	2001	2002
X_3	− 0.60	− 0.59	− 0.57	− 0.56	− 0.47	− 0.40	− 0.29	− 0.06	1.09	2.45

景区所在市区的可进入性，即从客源地到达鹰潭市的可进入性：鹰潭火车站是江南的重要交通枢纽，浙赣铁路、鹰潭至福州/厦门的铁路、皖赣铁路都穿过鹰潭市，320 国道、206 国道以及上海至南昌的高速公路也都穿过鹰潭市。景区的可进入性，即从鹰潭市进入龙虎山景区的便利性：每天从鹰潭火车站（包括始发和经过）至景区的车队数目见表 8 − 11。

表 8 − 11　龙虎山景区的车队数

单位：对

年份	1993	1994	1995	1996	1997	1998	1999	2000	2001	2002
车数	29	31	34	37	39	41	45	48	50	53

资料来源：龙虎山景区调研数据。

除此以外，从鹰潭市区进入龙虎山景区的公交车非常方便，但由于相关数据不好取得，这部分按 2000 年至 2002 年的数据折算。经处理后，得 X_4 的时间序列数据（见表 8 − 12）。

表 8 − 12　可进入性（X_4）

年份	1993	1994	1995	1996	1997	1998	1999	2000	2001	2002
X_4	− 1.43	− 1.18	− 0.82	− 0.45	− 0.21	0.04	0.53	0.89	1.14	1.50

客源地收入水平包括年人均收入水平和客源地外出旅游消费支出系数。

年人均收入水平用当年各地消费品物价总指数进行修正，从而更能真实反映客源地的旅游外出能力。

旅游消费支出系数用娱乐消费支出与年人均总支出比例来代表。龙虎山的几个主要客源地居民年人均购买力见表 8 – 13。

表 8 – 13　客源地居民年人均购买力

单位：元

年 份	上海	江苏	浙江	广东	湖北	安徽	福建	江西
1993	3205.4	2384.0	2952.6	4030.8	2090.3	1966.6	451.2	1736.0
1994	3575.2	2339.0	2987.7	3803.8	2065.2	2019.2	2435.9	1659.4
1995	4753.1	3067.3	4059.6	5231.7	2678.5	2401.7	2931.0	2185.2
1997	6809.3	4619.8	6048.5	6826.6	3673.4	3770.1	4884.7	3578.4
1998	8209.0	5668.8	7158.3	8402.1	4528.3	4540.3	6017.2	3991.5
1999	8773.1	6053.3	7860.3	9001.7	4904.9	4770.5	6505.1	4209.3
2000	10826.5	6674.2	8579.4	9374.3	5352.2	5216.5	6976.7	4813.7
2001	11514.5	6834.7	9241.8	9785.2	5526.0	5294.5	7332.4	5119.3
2002	12981.0	7368.0	10561.1	10608.3	5870.4	5687.1	8268.2	5572.9

资料来源：《中国统计年鉴》（1993～2002 年）。

上述客源地居民娱乐支出系数见表 8 – 14。

表 8 – 14　客源地居民娱乐支出系数

年份	上海	江苏	浙江	广东	湖北	安徽	福建	江西
1993	0.0193	0.0149	0.0153	0.0142	0.0158	0.0124	0.0147	0.0142
1994	0.0276	0.0205	0.0208	0.0201	0.0226	0.0161	0.0141	0.0191
1995	0.0255	0.0234	0.0200	0.0213	0.0200	0.0156	0.0116	0.0164
1997	0.0253	0.0236	0.0209	0.0223	0.0197	0.0160	0.0121	0.0178
1998	0.0254	0.0253	0.0239	0.0242	0.0245	0.0175	0.0190	0.0203
1999	0.0243	0.0235	0.0234	0.0238	0.0211	0.0202	0.0158	0.0188
2000	0.0243	0.0240	0.0248	0.0244	0.0230	0.0156	0.0207	0.0179
2001	0.0264	0.0245	0.0233	0.0240	0.0223	0.0210	0.0189	0.0201
2002	0.0258	0.0236	0.0223	0.0241	0.0220	0.0400	0.0193	0.0202

将娱乐支出系数与客源地居民人均购买能力相乘,得客源地居民用于外出旅游的实际支付能力,具体数据见表 8 – 15。

表 8 – 15　客源地居民用于旅游的实际支付能力

单位:元

年　份	上海	江苏	浙江	广东	湖北	安徽	福建	江西
1993	61.9	35.5	45.2	57.2	33.0	24.4	28.9	24.7
1994	98.7	47.9	62.1	76.5	46.7	32.5	34.3	31.7
1995	121.2	71.8	81.2	111.4	53.6	37.5	34.0	35.8
1997	172.3	109.0	126.4	152.2	72.4	60.3	59.1	63.7
1998	208.5	143.4	171.1	203.3	110.9	79.5	114.3	81.0
1999	213.2	142.3	183.9	214.2	103.5	96.4	102.8	79.1
2000	263.1	160.2	212.8	228.7	123.1	81.4	144.4	86.2
2001	304.0	167.5	215.3	234.8	123.2	111.2	138.6	102.9
2002	334.9	173.9	235.5	255.7	129.1	118.9	159.6	112.6

由于 1996 年数据没有找到,所以应用散点图方法将这一数据拟合出来。

再根据 1993 年到 2002 年龙虎山接待来自上述 8 个省市客源地游客人次,可计算出游客百分比(见表 8 – 16)。

表 8 – 16　客源地游客百分比

单位:%

客源地	上海	江苏	浙江	广东	湖北	安徽	福建	江西
游客百分比	13.3	3.5	3.1	2.7	5.9	1.1	4.3	66.3

以各省市游客百分比作为权重,进行加权后,用相应的处理方法可得 X_5 的时间序列数据(见表 8 – 17)。

表 8 – 17　客源地收入水平 (X_5)

年份	1993	1994	1995	1996	1997	1998	1999	2000	2001	2002
X_5	– 1.44	– 1.15	– 0.95	– 0.47	– 0.20	0.04	0.39	0.77	1.17	1.47

龙虎山旅游风景区各年旅游人次数据见表 8-18。

表 8-18　龙虎山各年旅游人次

单位：万人

年　份	1986~1993	1994	1995	1996	1997	1998	1999	2000	2001	2002
旅游人次	78.77	13.5	16	22	30	33	40	51.6	60.6	70.1

资料来源：龙虎山景区调研数据。

根据以上龙虎山的时间序列数据，利用 SPSS 软件，求出回归方程的各参数：

$$Q = 8.385 \times 10^{-3} + 0.214X_1 + 0.136X_2 + 0.193X_3 + 0.522X_4 + 6.29 \times 10^{-2}X_5$$

然后，对此进行拟合度 χ^2 检验、F 显著性检验和 T 检验，并进行相关检验得回归结果如下：

Model Summary

Model	R	R Square	Adjusted R Square	Std. Error of the Estimate	Change Statistics					Durbin-Watson
					R Square Change	F Change	df1	df2	Sig. F Change	
	0.998	0.997	0.992	8.458E-02	0.997	238.776	5	4	0.000	1.783

a　Predictors：(Constant)，X_5，X_3，X_1，X_4，X_2

b　Dependent Variable：Q

ANOVA

Model		Sum of Squares	df	Mean Square	F	Sig.
1	Regression	8.541	5	1.708	238.776	.000
	Residual	2.862E-02	4	7.154E-03		
	Total	8.569	9			

a　Predictors：(Constant)，X_5，X_3，X_1，X_4，X_2

b　Dependent Variable：Q

Coefficients

Model		Unstandardized Coefficients		Standardized Coefficients	t	Sig.	95% Confidence Interval for B		Correlations			Collinearity Statistics	
		B	Std. Error	Beta			Lower Bound	Upper Bound	Zeroorder	Partial	Part	Tolerance	VIF
	(Constant)	8.385E−03	0.030		0.283	0.791	−0.074	0.091					
	X_1	0.214	0.260	0.111	0.825	0.456	−0.507	0.935	0.955	0.381	0.024	0.046	21.633
	X_2	0.136	0.263	0.131	0.516	0.633	−0.594	0.866	0.988	0.250	0.015	0.013	77.607
	X_3	0.193	0.079	0.198	2.430	0.072	−0.027	0.413	0.876	0.772	0.070	0.126	7.916
	X_4	0.522	0.239	0.535	2.182	0.095	−0.142	1.187	0.982	0.737	0.063	0.014	71.949
	X_5	6.290E−02	0.200	0.064	0.315	0.768	−0.491	0.617	0.974	0.156	0.009	0.020	50.073

a Dependent Variable: Q

（五） 随机时间序列预测

Box-Jenkins 方法是在定性分析的基础上，按照一定的数学理论建立各因素的综合性模型。该方法通过借助计算机的强大功能，进行反复迭代搜索，从而找出对历史数据拟合性能最佳的模型。在短期预测方面，它能够达到较高的预测精度。

Box-Jenkins 方法的数学模型分为 AR（Auto Regressive，自回归）模型、MA（Moving Average，移动平均）模型和 ARMA（Auto Regressive Moving Average，自回归移动平均）模型。对于均值为 0 的平稳的随机时间序列 y_1，y_2，…，y_n，我们有时候会认为时间序列过去的值影响着未来的值，于是 y_t 对 y_{t-1} 进行回归。一般地，

$$y_t = \alpha_1 y_{t-1} + \alpha_2 y_{t-2} + \cdots + \alpha_p y_p + \varepsilon_t$$

其中 α_i 为待定系数，ε_t 是一系列相互独立、均值为 0 的随机变量。这便是所谓 p 阶自回归模型 AR(p)。

如果考虑一个特殊的无穷自回归过程：

$$y_t = -\theta y_{t-1} - \theta^2 y_{t-2} - \theta^3 y_3 - \cdots + \varepsilon_t$$

这时就有 $\varepsilon_t - \theta \varepsilon_{t-1} = y_t$，或者写为 $y_t = \varepsilon_t - \theta \varepsilon_{t-1}$。一般地，

$$y_t = \varepsilon_t - \theta_1 \varepsilon_{t-1} - \theta_2 \varepsilon_{t-2} - \cdots - \theta_q \varepsilon_{t-q}$$

其中 θ_i 为待定系数，这便是所谓 q 阶移动平均模型 MA(q)。

把这两个模型结合起来，就是 ARMA(p,q)模型：

$$y_t = \alpha_1 y_{t-1} + \alpha_2 y_{t-2} + \cdots + \alpha_p y_p + \varepsilon_t - \theta_1 \varepsilon_{t-1} - \theta_2 \varepsilon_{t-2} - \cdots - \theta_q \varepsilon_{t-q}$$

谌贻庆、陶春峰（2015）在论著《旅游服务供应链》中用 ARMA 模型对旅游需求波动进行了预测分析。

旅游需求的波动与许多因素有关，除了与旅游服务质量和响应时间有关外，很大程度上取决于旅游成本。

资料选择 2000～2011 年连续时间序列的月度旅游人数，数据来源为国家旅游局、各相关网站和《中国旅游统计年鉴》等。

采用时间序列数据的一个重要前提是数据必须具有平稳性，否则会产生回归谬误等问题。先对各个序列进行 PP（Phillips-Perron）单根检验来检验其稳定性，其结果见表 8-19 第二列，这表明存在单根而不稳定，然后取对数，其结果见表 8-19 第三列，表明是平稳序列，增长率序列也是平稳序列，见表 8-19 第四列。所以取对数序列和增长率序列都是一阶单整过程。

表 8-19　PP 单根检验结果

区　域	时间序列	取对数序列	增长率序列
长三角	-3.622716	-4.597939	-21.228820
珠三角	-4.308024	-5.598416	-13.142950
云贵	-2.468356	-4.098741	-17.034515
川渝	-1.523698	-2.597939	-15.344806
陕甘宁	-2.687263	-4.246614	-18.711856
环渤海	-3.188006	-4.160471	-14.751889
东北	-1.185691	-2.100935	-20.190922

Akaike 和 Schwarz 于 1978 年分别提出了 AIC 和 BIC 作为回归模型选择的标准。AIC 和 BIC 判断准则是指优先考虑的模型应是准则函数值最小的那一个。

SPSS 虽然不直接给出准则函数值 AIC 和 BIC，但通过方差分析表中提供的残差平方可以很方便地求出 AIC 和 BIC：

$$AIC = n \ln(残差平方和) + 2(p+1) - n \ln n$$
$$BIC = n \ln(残差平方和) + (p+1)\ln n - n \ln n$$

其中 n 为样本量，p 为回归方程中自变量的个数。

根据 AIC 和 BIC 判断准则，我们尝试了不同的 p，q 值，结果表明 ARIMA（1，12，1）模型是较好的选择，所以我们采用 ARIMA（1，12，1）模型分别对不同区域取对数序列和增长率序列进行回归分析，其数学表达式为：

$$\ln y_t = \alpha + \varphi_1 \ln y_{t-1} + u_t - \theta_1 u_{t-1} + \sum_{i=1}^{12} \alpha_i \delta_{it} + \beta_1 t + \beta_2 t^2 + \varepsilon_i$$

$$\Delta y_t = \alpha + \varphi_1 \Delta y_{t-1} + u_t - \theta_1 u_{t-1} + \sum_{i=1}^{12} \alpha_i \delta_{it} + \varepsilon_i, \Delta y_t = \ln y_t - \ln y_{t-1}$$

其中 y_t 是某区域 t 时间的旅游人次，ε_i 为误差项，δ_{it} 是虚拟变量，当序列为某区域某年第 i 月的旅游人次时，δ_{it} 的值为 1，否则为 0。

采用极大似然法对模型进行回归，可得表 8-20。

表 8-20 模型回归结果

区 域	α	φ_1	θ_1	β_1	β_2
长三角	12.5217	0.9723	0.5212	0.02282	-0.0079
	-0.1723	0.0712	-0.8226	—	—
珠三角	10.3472	0.9607	0.2417	0.12950	-0.0082
	-0.1648	0.06523	-0.7913	—	—
云贵	8.5635	0.8741	0.0364	-1.0345	2.0947
	-0.2936	0.0286	-0.8724		
川渝	5.2378	0.6979	0.3412	-1.3406	2.5936
	-0.3025	0.03576	-0.6542		
陕甘宁	7.8523	0.7661	0.5623	-0.7156	1.5472
	0.1125	0.04328	-0.6543	—	—
环渤海	14.1506	0.9074	0.8327	0.01889	0.0093
	-0.2347	0.0924	-0.8942		
东北	5.8562	0.8093	0.4245	-0.1912	-1.0725
	0.1346	-0.4439	-0.5371		

以上结果在 10% 的水平上显著。从回归结果可以得出，各期旅游需求的冲击对现期的客流量有显著影响。

长期以来，由于自然环境和区位条件的差异，中国的经济发展并不平衡，一直存在着区域差异，东、中、西三大传统区域格局的划分，也基本上反映了整个中国经济差异状况。旅游经济作为国民经济的重要组成部分，也势必存在这种差异（靳诚、陆玉麒、徐菁，2010）。中国不同地区受旅游资源规模及类型、旅游产品、交通状况、政策导向等差异的影响，但是基本上可以从区域经济发展水平上来衡量一些地区在旅游经济发展中形成的特色，所以对长三角区域、珠三角区域、云贵区域、川渝区域、陕甘宁区域、环渤海区域、东北区域七个较大的旅游区域的数据进行旅游需求波动分析。长三角区域包括上海、浙江、江苏、安徽、湖北、江西、湖南；珠三角区域包括广东、广西、福建、海南；云贵区域包括云南、贵州；川渝区域包括四川、重庆、西藏；陕甘宁区域包括陕西、甘肃、宁夏、青海、新疆；环渤海区域包括北京、天津、辽宁、山东、河北、内蒙古、山西、河南；东北区域包括吉林、黑龙江。

参考文献

卢云亭：《现代旅游地理学》，江苏人民出版社，1988。

黄辉实：《资源、评价、开发》，载于《中国旅游年鉴》，1990。

李经龙、郑淑婧：《中国品牌旅游资源空间布局研究》，《资源科学》2006 年第 1 期。

汪清蓉、李凡：《古村落综合价值的定量评价方法及实证研究》，《旅游学刊》2006 年第 1 期。

万建香：《以开发为导向的旅游业的可持续发展》，硕士毕业论文，2003。

谌贻庆、陶春峰：《旅游服务供应链》，江西人民出版社，2015。

靳诚、陆玉麒、徐菁：《1995 年来中国省际入境旅游相对优势演化的空间特征分析》，《人文地理》2010 年第 1 期。

Brown，Gardne，Jr. and Robert Mendelsohn，"The Hedonic Travel Cost Method"，*Review of Economics and Statistics*（3）1984.

Portney，Paul R.，"The Contingent Valuation Debate：Why Economists Should Care"，*Journal of Economic Perspectives*（8）1994.

Forster，Bruce A.，"Valuing Outdoor Recreational Activity：A Methodological Survey"，*Journal of Leisure Research*（2）1989.

图书在版编目(CIP)数据

旅游资源价值及其评价 / 谌贻庆,甘筱青著. -- 北
京:社会科学文献出版社,2016.11
ISBN 978 - 7 - 5097 - 9944 - 4

Ⅰ.①旅…　Ⅱ.①谌…②甘…　Ⅲ.①旅游资源开发
－资源价值－研究－中国　Ⅳ.①F592

中国版本图书馆 CIP 数据核字(2016)第 268846 号

旅游资源价值及其评价

著　　者 / 谌贻庆　甘筱青

出 版 人 / 谢寿光
项目统筹 / 高　雁
责任编辑 / 王楠楠

出　　版 / 社会科学文献出版社·经济与管理出版分社 (010) 59367226
　　　　　地址:北京市北三环中路甲 29 号院华龙大厦　邮编:100029
　　　　　网址:www. ssap. com. cn
发　　行 / 市场营销中心 (010) 59367081　59367018
印　　装 / 三河市东方印刷有限公司

规　　格 / 开　本:787mm × 1092mm　1/16
　　　　　印　张:12.75　字　数:196 千字
版　　次 / 2016 年 11 月第 1 版　2016 年 11 月第 1 次印刷
书　　号 / ISBN 978 - 7 - 5097 - 9944 - 4
定　　价 / 79.00 元

本书如有印装质量问题,请与读者服务中心 (010 - 59367028) 联系